사람은 왜 꾸미는 걸까?

지식은 내 친구 013

사람은 왜 꾸미는 걸까?

2019년 6월 25일 초판 7쇄 | 2016년 10월 5일 초판 1쇄

글·그림 정해영 | **디자인** 민트플라츠 송지연

펴낸이 박강희 | **펴낸곳** 도서출판 논장 | **등록** 제10-172호·1987년 12월 18일

주소 10881 경기도 파주시 회동길 329 | **전화** 031-955-9164 | **팩스** 031-955-9167

제조국명 대한민국 | **사용연령** 8세 이상 | **주의사항** 종이에 베이거나 굵히지 않도록 조심하세요.

ISBN 978-89-8414-263-3 73300

ⓒ 정해영

· 잘못 만들어진 책은 구입하신 서점에서 바꾸어 드립니다. · 책값은 뒤표지에 있습니다.
· 이 책의 내용을 쓰려면 반드시 저작권자와 논장의 서면 동의를 받아야 합니다.

이 도서의 국립중앙도서관 출판예정도서목록(CIP)은 서지정보유통지원시스템 홈페이지 (http://seoji.nl.go.kr)와
국가자료공동목록시스템(http://www.nl.go.kr/kolisnet)에서 이용하실 수 있습니다.(CIP제어번호: CIP2016022995)

사람은 왜 꾸미는 걸까?

'아름다움'을 찾는 화장 문화사

글·그림 **정해영**

논장

차례

전시장으로 · 11

사람은 왜 꾸미는 걸까? · 17

서양 화장의 역사

땡볕, 모래바람도 문제없어 · 32

사람 몸만큼 아름다운 것이 또 있을까? · 36

우린 화려한 게 좋아 · 40

화장이 죄라고? · 44

신에서 인간으로 · 48

　　인물 포커스 – 엘리자베스 1세 · 52

이 정도는 돼야 꾸몄다고 할 수 있지 · 54

머리에 밀가루는 왜 뿌리셨나? · 58

아파 보이는 화장이 대세 · 62

아름다움은 당당함에 있어 · 66

동양 화장의 역사

빨간 연지를 두 뺨에 콕! · 74
화랑이 꽃미남이었다고? · 78
눈, 코, 입을 또렷하게 · 82
화장보다 몸가짐이 우선 · 86
서양 화장이 들어오다 · 90
　　클로즈업 – 신여성 · 94
풍만한 모습이 아름다워 · 96
단아함에서 찾은 아름다움 · 100
소극적인 모습이 아름다워 · 104
　　인터뷰 – 서 태후 · 108
감춤에 아름다움이 있다 · 110
얼굴은 희게 이는 검게 · 114

현대의 화장, 그 100년 · 121

아름다움이란 뭘까? · 139

집으로 · 150

****〈서양 화장의 역사〉와 〈동양 화장의 역사〉에 나온 작품 그림은
　전시회의 분위기를 연출하기 위해 명화를 바탕으로 새로 그렸습니다.

웃음보다 더 좋은 화장은 없다.

알랭(Alain, 1868~1951년), 프랑스의 철학자

전시장으로

"삼촌, 뭐 하는 거야? 빨리 가자!"

"조금만 기다려."

"아휴, 조금만이라고 한 게 언제부터야."

나는 초조해지기 시작했어요. 다음 주 월요일이 개학인데 아직까지 탐방 보고서를 쓰지 못했거든요.

"삼촌, 왜 그렇게 남자가 거울 앞에 오래 있어? 좀 대충 하고 가자!"

그러나 삼촌은 여전히 거울 앞에서 머리를 매만졌어요.

"나 참, 어떻게 대충 하고 나가?"

삼촌은 중얼중얼 혼잣말을 했어요. 이윽고 거울에 비친 자신의 모습이 꽤 마음에 들었는지 뮤지컬 배우 같은 목소리로 노래를 했지요.

"가~자, 가~자, 전시장으로~."

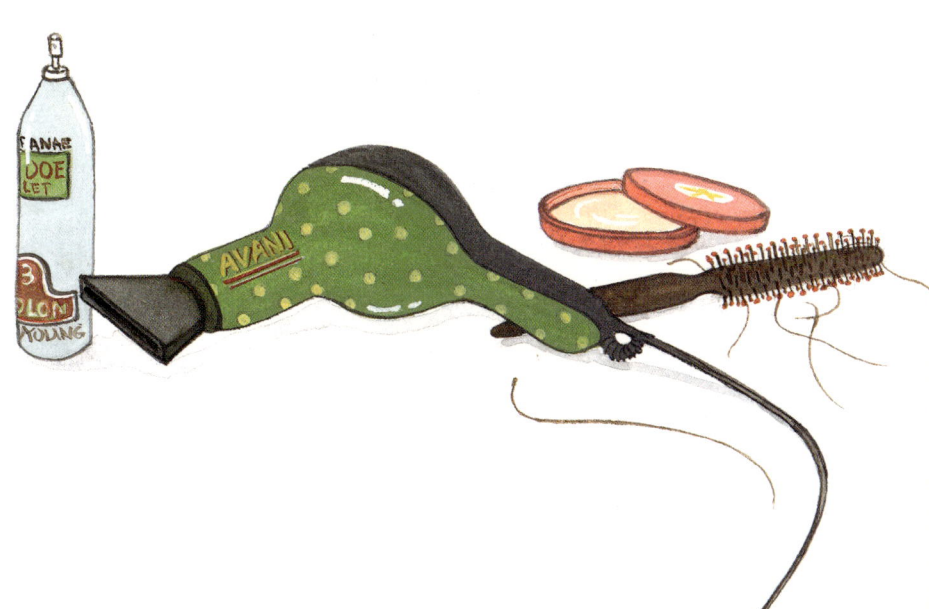

"삼촌, 저 언니들 좀 봐 봐!"

지하철 안에 한껏 멋을 낸 언니들이 서 있었어요. 언니들은 지하철이 흔들릴 때마다 몸의 중심을 옮겨 가며 화장을 했지요. 작은 손거울에 얼굴을 바짝 댄 채 눈썹을 그리고, 입술을 바르고, 속눈썹을 쓱쓱 올렸는데, 그 모습이 무척 신기했어요. 다른 사람들도 내 마음 같았는지 모두 언니들에게 시선을 던졌어요.

"우아, 완전 달인이야, 달인. 어쩜, 저 손놀림 좀 봐."

하지만 감탄하는 나와 달리 어떤 사람은 못마땅한 듯 혀를 차고, 어떤 사람은 흘끔대며 옆 사람과 속삭였지요.

어쨌든 나는 화장하는 언니들 덕분에 전시장 가는 길이 지루하지 않아 좋았답니다.

"솔기야, 다 왔다. 내리자."

"삼촌, 왜 이렇게 사람이 없지? 애들은 나밖에 없는 것 같아."

"당연하지. 개학이 코앞인데."

삼촌은 내게 꿀밤이라도 줄 것 같은 표정을 짓다가 주위를 둘러보며 깊은 한숨을 내쉬었어요.

"어휴, 내 또래 남자도 나밖에 없네. 방학 숙제 하러 이제야 전시장엘 오는 너나, 애인 대신 조카와 전시장엘 오는 나나, 참으로 답답하다."

그러고는 중대한 결단이라도 내리듯 말했어요.

"그래, 여기까지 왔으니 열심히 보는 거야! 솔기야, 궁금한 것은 이 삼촌한테 물어봐라. 다 알려 줄게."

그때 안내 데스크에 있는 언니가 방긋 웃으며 말을 걸었어요.

"거기 멋쟁이 남자분, 오디오로 작품 설명 들으시겠어요?"

삼촌은 깜짝 놀라 말을 더듬었어요.

"저, 저요?"

"호호, 남자분이 거기에 또 누가 있어요?"

삼촌은 흡족한 표정으로 안내 데스크를 향해 재빨리 걸었어요. 그리고 오디오 기계를 받아 들고는 나지막한 목소리로 말했지요.

"들었지? 이렇게 꾸미고 나오니까 멋쟁이 소리를 듣는 거야. 어쨌든 오디오도 있겠다, 삼촌이 아는 것도 많겠다, 너는 작품만 열심히 보면 돼. 알았지?"

우리는 커튼을 젖히고 어두컴컴한 방으로 들어갔답니다.

사람은 왜 꾸미는 걸까?

도슨트(docent): 박물관이나 미술관 등에서 관람객들에게 전시물을 설명하는 안내인.

"반갑습니다. 〈사람은 왜 꾸미는 걸까?〉 전시에 오신 것을 환영합니다."
"아이고, 깜짝이야!"
시커먼 방에서 들려오는 또랑또랑한 목소리에 삼촌과 나는 깜짝 놀랐어요.
"으흠, 저는 전시 해설을 맡은 도슨트입니다. 작품 설명이 필요하십니까?"
그러나 언니는 우리의 답변을 기다리지도 않고 곧장 설명을 시작했어요.
"이 전시는 동양과 서양의 그림을 감상하며 그 속에 표현된 화장과 꾸밈의 역사를 알아보는 전시입니다. 이제부터 여러분은 인간이 아름다움을 추구하는 행위가 시대와 문화에 따라 어떻게 변해 왔는지 감상하실 겁니다."
단정한 정장 차림에 검은테 안경을 쓴 언니는 마치 구구단이라도 외듯 또박또박 말을 했어요.
좀 전의 깜짝 놀람은 어느새 잊은 채, 삼촌의 입에서는 조그맣게 "풋!" 하는 소리가 났지요.
"으흠, 관람 전에 간단한 질문 드리겠습니다. 사람은 왜 꾸미는 걸까요?"
"……."
갑작스러운 질문에 삼촌과 나는 말문이 턱 막혔어요.
"아, 질문이 어려웠나요? 그러면 다시 묻지요. 사람은 언제부터 자신을 꾸미기 시작했을까요?"
"그건……."
나는 무슨 말이라도 하고 싶어 입을 달싹였어요. 그러나 언니는 내게 말할 틈도 주지 않고 말을 이었어요.
"대답 못 하는 것이 당연합니다. 누구도 정확히 알 수 없으니까요. 다만 우리는 인간이 자신을 꾸미는 행위가 환경에 대처하다 우연히 시작되었다는 것을 기록으로 짐작할 뿐이지요.

예를 들어 아주 먼 옛날, 사람들은 흘러내리는 머리카락을 두고 고민했어요. 사냥감을 잡으려고 활을 당기기만 하면 머리카락이 쓱 내려와 눈을 가렸기 때문이에요. 그러던 어느 날 우연히 옆에 있는 넝쿨 같은 걸로 머리를 묶었는데 이것이 아주 괜찮은 겁니다. 머리카락이 흘러내리지 않아 일의 능률이 오를 뿐만 아니라 묶은 머리가 멋져 보인다고 남들이 칭찬까지 한 거지요. 이후 꾸미는 행위가 자신을 좀 더 돋보이게 한다는 사실을 알게 된 사람들은 머리카락으로 여러 시도를 해 보았겠지요.

이렇게 일상에서 우연히 시작된 꾸밈의 행위는 시간이 흐르면서 조금씩 다듬어지고 시대와 문화에 따라 변화하면서 오늘날에 이르렀어요. 으흠!"

언니의 말이 길어지자 나는 아래 설명으로 눈길을 돌렸어요.

학자들은 화장의 기원이 아름다운 부분은 돋보이게 하고 추하고 약한 부분은 고치거나 감추고 싶은 인간의 본능에서 시작했다고 한다. 그 밖에도 신분이나 계급을 구별하기 위해, 자신을 위험으로부터 보호하고 위장하기 위해, 신에게 제사 드릴 때 일상과 다른 모습으로 꾸미기 위해 얼굴이나 몸에 그림을 그리거나 문신을 새긴 것이 화장으로 발전했다고 한다.

"저 그림도 예술 작품인가요?"
도슨트 언니가 설명을 이어 가려 하자 삼촌이 재빨리 화제를 돌렸어요.
"네? 네, 그렇습니다. 그렇게 떨어져 있지 마시고 가까이 오세요."
우리는 조심조심 언니가 시키는 대로 그림 앞으로 다가갔어요.
"얼굴에 문신을 한 마오리 족* 전사의 초상화입니다. 마오리 족 초상화를 많이 그린 화가의 1878년 작품이지요. 여러분은 '문신' 하면 어떤 생각이 드나요?"

"…… 깡패, 조폭."

삼촌이 조심스레 대답했어요.

"삼촌, 무슨 소리야? 아이돌 가수도 문신해. 그런데 저렇게 무섭게 하지는 않지. 가수들 문신은 얼마나 멋있는데."

"두 분의 세대 차이가 문신에 대한 생각을 다르게 했군요. 두 분 중 누가 맞다 틀리다 할 수는 없지만 아직까지 우리 사회에서 문신은 무섭고 끔찍하다는 느낌이 앞서기는 하지요. 아마 '부모에게 받은 몸을 함부로 다뤄서는 안 된다.'라는 유교적 정서가 깔려 있기 때문일 겁니다."

"그래서 그런가? 저보고 하라고 하면 못 할 것 같긴 해요. 헤헤!"

"당연하지요. 몸에 상처를 내는 일인데 쉽지 않지요. 그런데 이런 일을 왜 할까요? 그건 아마도 변신하고 싶은 인간의 욕망 때문일 겁니다. 변신을 함으로써 나에게 없는 능력을 갖거나 더 나은 존재가 되기를 바라는 심리 때문이랄까요? 문신은 남들보다 강하게 보이게도 하고, 아름답게 보이게도 하는 장식 역할도 하니까요."

"어휴, 인간의 욕망은 참 대단해요!"

"그래요. 요즘 사람들이 예뻐지려고 서슴없이 성형 수술을 하는 걸 보면 정말 그런 것 같습니다. 귀 뚫는 일은 아주 흔하지요."

삼촌은 마치 '옳습니다!' 하는 표정으로 고개만 끄덕였어요.

"그런데 마오리 족에게 이 문신은 변신하고 싶은 욕망 이외에 신분을 표시하고 같은 부족임을 나타내는 중요 수단이 됐지요. 신분이 높을수록 문신이 정교하고 다양했습니다."

문신은 살갗을 바늘 같은 뽀족한 도구로 찔러 먹물이나 물감으로 글이나 그림 등을 새기는 것이다. 미적인 측면에서 보면 문신은 물에 씻어도 지워지지 않는 반영구 화장의 기원이라고도 할 수 있다.

설명을 읽는데, 언니가 재킷 주머니에서 달그락거리는 무언가를 꺼냈어요. 한쪽이 날카롭게 갈린 뼈와 조개껍데기였어요.

"문신을 만들 때 사용하는 도구입니다. 이 뾰족한 부분으로 피부에 상처를 내어 문신을 만들지요."

어휴, 저렇게 뾰족한 것으로 얼굴을 콕콕 찌르는 데도 견뎠다니, 얼마나 참을성이 대단하면 그럴 수 있을까요?

"마오리 족은 이런 고통도 참아 내는 부족이었기에 전쟁에서도 두려움이 없었어요. 물론 싸우기도 전에 적들은 마오리 족의 무시무시한 얼굴에 겁부터 먹고 도망쳤겠지요. 실제로 처음 뉴질랜드에 도착한 유럽 사람들은 마오리 족을 보고 겁에 질려 탐험을 포기했다고 합니다."

삼촌은 긴소매 속에 가려진 자신의 매끈한 팔뚝을 이리저리 살폈어요.

"하긴 팔뚝에 문신한 사람만 봐도 긴장이 되긴 하지……."

문신 얘기를 듣다 보니 한때 유행한 문신 스티커가 생각났어요. 손목 위에 비닐을 꾹 눌렀다가 떼면 팔찌를 찬 것처럼 예쁜 그림이 찍히는 문신 스티커였어요. 며칠 지나면 그림이 군데군데 지워지긴 했지만 정말 인기가 많았지요.

"아무리 그래도 몸에 상처를 내는 일은 너무 끔찍해. 그냥 스티커처럼 붙였다 떼는 것도 좋을 텐데."

"우리 눈에는 낯설고 끔찍해 보이지만, 마오리 족에게 문신은 하나의 전통입니다. 지워지지 않는 화장이라고 생각하세요."

문신이 화장이라고 말하는 순간 나는 언니의 눈썹이 문신한 엄마의 눈썹처럼 털이 없이 매끈하다는 것을 알아챘어요. 나도 모르게 엉뚱한 질문이 나왔어요.

"언니도 눈썹 문신했어요?"

"으흠, 으흠!"

언니는 당황한 듯 또각또각 구두 소리를 내며 재빨리 옆으로 걸어갔어요. 우리는 놓칠세라 그 뒤를 쫓았답니다.

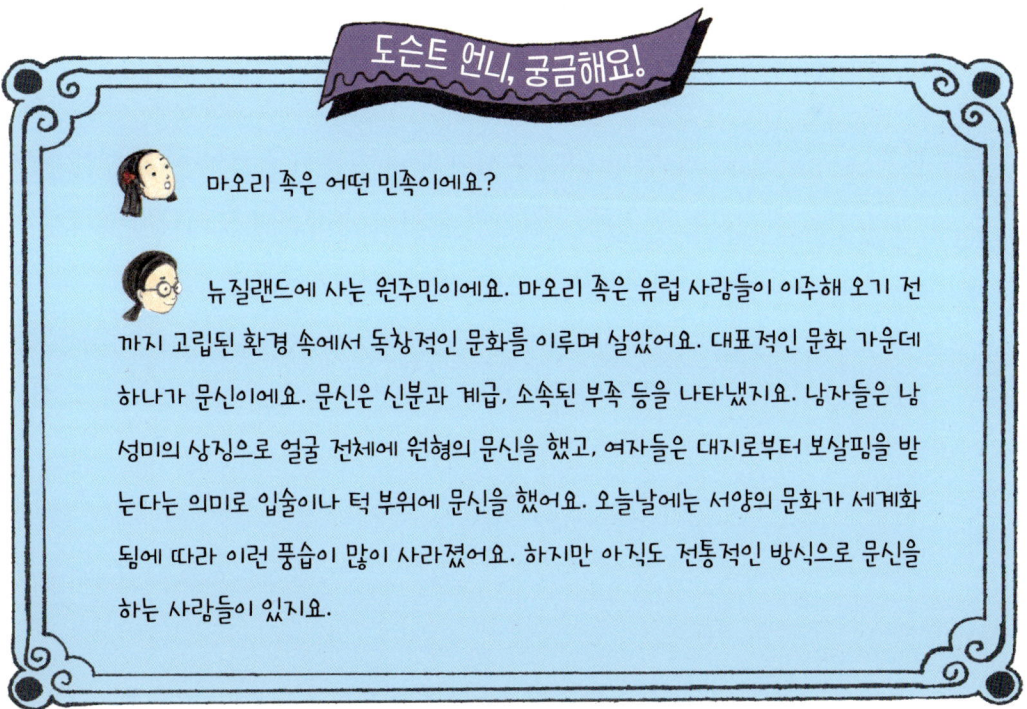

도슨트 언니, 궁금해요!

마오리 족은 어떤 민족이에요?

뉴질랜드에 사는 원주민이에요. 마오리 족은 유럽 사람들이 이주해 오기 전까지 고립된 환경 속에서 독창적인 문화를 이루며 살았어요. 대표적인 문화 가운데 하나가 문신이에요. 문신은 신분과 계급, 소속된 부족 등을 나타냈지요. 남자들은 남성미의 상징으로 얼굴 전체에 원형의 문신을 했고, 여자들은 대지로부터 보살핌을 받는다는 의미로 입술이나 턱 부위에 문신을 했어요. 오늘날에는 서양의 문화가 세계화됨에 따라 이런 풍습이 많이 사라졌어요. 하지만 아직도 전통적인 방식으로 문신을 하는 사람들이 있지요.

"어, 모나리자다!"

"모나리자는 레오나르도 다빈치*가 이탈리아 도시 피렌체의 부유한 상인인 조콘다의 부인을 그린 그림입니다."

"그런데 모나리자는 왜 미소로 유명해요?"

"신비함 때문이지요. 속을 알 수 없는 수수께끼 같은 미소가 사람들을 매료시키는 겁니다. 전해 오는 말로는 당시 모나리자가 딸을 잃은 지 얼마 안 된 상태여서 그렇다고 해요. 슬픔을 참고 귀부인답게 우아한 모습으로 앉아 있어야 하다 보니 기쁨도 슬픔도 아닌 묘한 미소가 지어졌다는 겁니다. 여기에 눈썹까지 없어서 속마음이 드러나지 않으니 그 미소가 더 신비하게 느껴지지요."

"눈썹이 없다고요? 어, 정말 그러네!"

"15, 16세기 유럽에서는 넓은 이마가 미인의 조건이었어요. 그래서 너도나도 이마를 넓어 보이게 하려고 머리털과 눈썹을 뽑았어요. 모나리자도 그 유행을 좇아 눈썹을 뽑았다는 설이 있어요."

"그런데 눈썹이 속마음을 보여 주나요? 그럼, 엄마가 내 성적표를 보실 때 '괜찮아, 결과보다는 최선을 다하는 것이 중요해.' 하면서도 눈썹을 찌푸리는 건 뭐지? 뭐야, 이제 보니 엄마 속마음은 시험 결과가 더 중요한 거였어!"

그때 삼촌이 입을 씰룩이며 말했어요.

"당연하지, 눈썹도 말을 한다는 걸 몰랐냐? 속마음이 눈썹 움직임으로 드러나거든."

눈썹 얘기가 나오자 우리의 시선은 자동으로 언니 눈썹으로 옮겨 갔어요. 그러자 언니가 말머리를 돌려 옆 그림을 가리켰어요.

"으흠, 이 그림 보실까요?"

"하하하, 이게 뭐야? 장난한 건가?"

음, 이 그림은 느낌이 다른데……

나는 화사하게 색을 입힌 모나리자가 재밌어서 삼촌을 쳐다봤어요. 삼촌도 같은 마음인지 고개를 돌려 나와 눈을 맞추었지요.

"색조 화장을 한 모나리자를 상상하며 모나리자 그림에 덧칠한 그림입니다. 진짜 모나리자 그림과 어떤 차이가 느껴지나요?"

"음, 예쁜 것 같긴 한데……."

나는 어떻게 말해야 할지 몰라 고개만 갸웃갸웃했어요. 그러자 삼촌이 덧붙여 말했어요.

"모나리자의 신비한 미소가 사라진 것 같네요. 화려함에 가려진 건지 신비함도 없고, 매력도 덜 느껴져요."

"그렇게 느끼셨어요? 아마도 우리에게 익숙한 모나리자의 얼굴과 달라서 그렇겠지요. 게다가 화장이 모나리자스러움을 잘 표현하지 못해서 더 그럴 거고요. 흔히 모나리자 하면 단아하고 표정이 드러나지 않아 궁금증을 일으키는 그런 신비한 얼굴을 떠올리잖아요."

나는 도슨트 언니의 질문에 대답을 제대로 못 한 것이 못내 아쉬웠어요. 계속 그 생각을 하는데 갑자기 할 말이 번뜩 떠올랐지요.

"맞아요, 친근함요! 화장한 모나리자가 훨씬 친근해요. 길거리에서 볼 수 있는 사람 같아서 말을 붙여 보고 싶은 생각이 들어요. 헤헤. 처음 모나리자는 다가갈 수 없는 사람처럼 차갑게 느껴졌는데……."

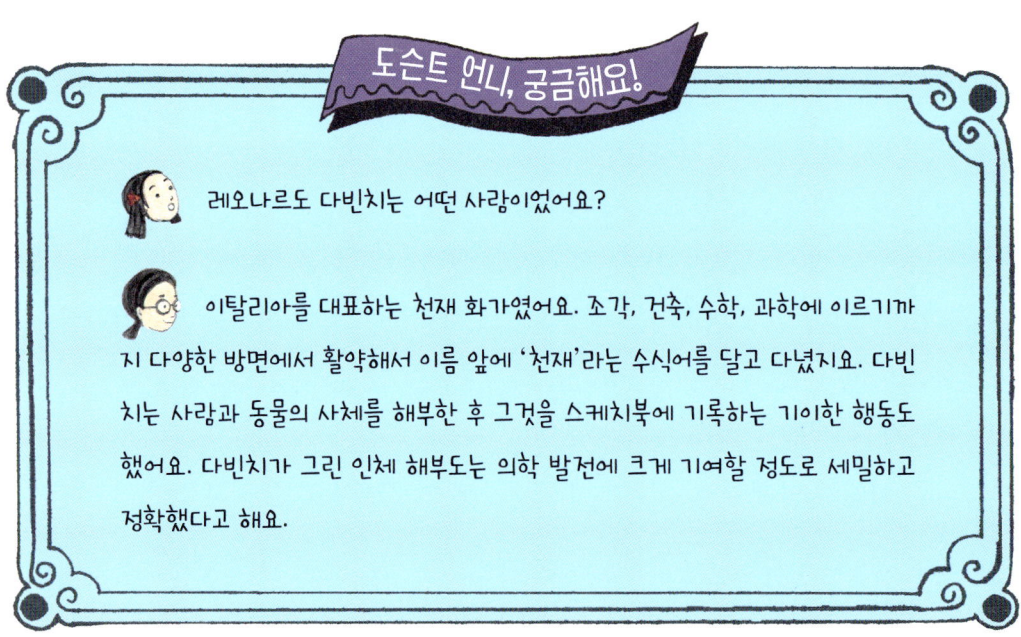

도슨트 언니, 궁금해요!

레오나르도 다빈치는 어떤 사람이었어요?

이탈리아를 대표하는 천재 화가였어요. 조각, 건축, 수학, 과학에 이르기까지 다양한 방면에서 활약해서 이름 앞에 '천재'라는 수식어를 달고 다녔지요. 다빈치는 사람과 동물의 사체를 해부한 후 그것을 스케치북에 기록하는 기이한 행동도 했어요. 다빈치가 그린 인체 해부도는 의학 발전에 크게 기여할 정도로 세밀하고 정확했다고 해요.

화장을 통한 변신 - 같은 사람, 다른 느낌

"그럴 수도 있겠네요. 눈썹이 없는 모나리자에 비해 색조 화장을 한 모나리자가 더 친근하고 활동적으로 보일 수도 있겠어요. 화장이 기존의 이미지를 더 강조해 주기도 하고, 새로운 이미지를 심어 주어 다르게 보이게도 하니까요. 가벼운 변신을 가능하게 해 준다고나 할까요. 으흠!"

언니가 헛기침을 하며 잠시 숨을 고르는 사이 나는 아래 설명으로 눈을 돌렸지요.

화장의 동기는 피부를 보호하고, 생김새의 결점을 보완하며, 다른 사람에게 더 좋은 인상을 주려는 것 등으로 다양하다. 이러한 동기는 자신의 개성과 상황, 자신이 속한 사회와 그 속에서 관계를 맺는 사람들에 따라 또 달리 나타난다. 하지만 남의 시선 때문에 어쩔 수 없이 화장을 하거나 외모로 인한 차별이나 예쁘다는 것에 대한 사회적 선입견 때문에 화장에 집착하다 보면 여러 부작용이 생기기도 한다.

　나는 갑자기 삼촌이 화장하는 이유가 궁금해졌어요. 어디 외출이라도 하려면 삼촌은 엄마보다 더 오랜 시간이 걸리거든요. 학교에 늦었다고 하면서도 화장하는 것을 빼먹지 않는다니까요.

　"삼촌은 화장을 왜 해?"

　갑작스러운 질문에 삼촌은 눈을 동그랗게 떴어요.

　"나? ……사람들이 한 번씩 쳐다봐 주면 기분도 좋고, 공부도 잘돼서 한다! 그렇다고 삼촌이 화장을 많이 하는 건 절대 아니야. 그냥 비비크림 바르고, 눈썹 좀 그리고, 입술이 잘 터서 립글로스를 바르는 정도인데……."

삼촌이 머뭇거리며 말을 맺지 못하자, 언니의 입가에 희미하게 미소가 번졌어요.

"그래요. 사람마다 화장하는 이유는 다 다를 겁니다. 말씀하신 것처럼 다른 사람들에게 주목받고 싶어서거나, 외모에 대한 콤플렉스를 극복하려고, 또는 이성에게 아름답게 보이려고 등 다양하지요. 여기 적힌 대로 자신의 결점을 보완하고, 좋은 인상을 주고 싶어서도 화장을 하고요. 이는 사람들이 서로에 대해 알게 되기 전까지는 겉으로 드러나는 모습으로 상대방을 판단해 버리는 일이 많아서예요."

"맞아요. 정말 그래요."

나는 큰 소리로 맞장구쳤어요.

"그런 선입견에 빠지지 않도록 우리는 끊임없이 책을 읽고 공부하고 토론하는 거겠지요. 어쨌든 다른 사람을 만날 때 어떤 옷을 입을지 머리 모양을 어떻게 할지 등에 신경 쓰는 건 자연스러운 일이에요. 으흠! 흔히 우리는 '화장' 하면 색조 화장만을 떠올려요. 하지만 넓은 의미에서 화장은 화장품을 바르는 것뿐만 아니라 머리나 옷매무새를 다듬고 꾸미는 것 모두를 포함한답니다.

자, 그럼, 본격적으로 동양과 서양의 화장의 역사를 다룬 전시관으로 넘어가 볼까요? 다른 나라 사람들과 우리 조상들은 어떤 이유로 화장을 했고, 시대와 문화에 따라 아름다움에 대한 기준이 어떻게 다르며, 그에 따라 인간의 꾸밈 행위인 화장이 어떻게 변화했는지 알아보겠습니다. 이동하겠습니다."

언니는 휙 돌아서서 옆방으로 갔어요.

서양 화장의 역사

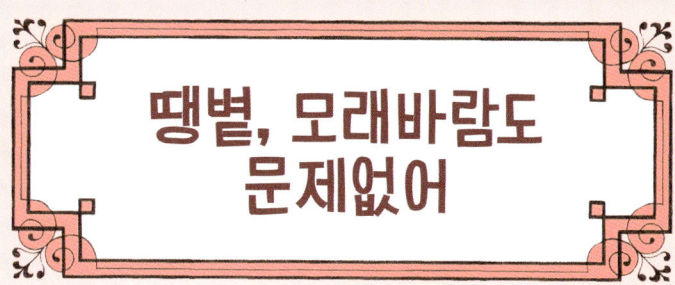

땡볕, 모래바람도 문제없어

이집트 귀족 네바문이라는 사람의 무덤에 그려진 벽화라고 쓰여 있네.

이 벽화는 기원전 14세기경에 그렸다고 추측해!

"와, 멋지다."

아기자기한 그림에 절로 감탄이 나왔어요.

"이제부터는 우리끼리 다닐게요. 제가 이쪽 관련 공부를 하는 사람이라 쫓아다니며 설명 안 해 주셔도 됩니다. 모르면 오디오 설명을 들어도 되고요."

삼촌은 혹시나 언니가 말을 꺼낼까 봐 얼른 내게 말을 걸었어요.

"솔기야, 이 그림은 지금으로부터 3,000년도 더 된 옛날 그림이거든. 그 옛날에 저런 멋진 모습을 했다는 것이 놀랍지 않니?"

"……."

나는 삼촌의 갑작스러운 물음에 할 말이 없었어요.

"너, 이집트가 어디에 있는지 알지?"

"어? 아프리카 북쪽에 있는 나라잖아."

삼촌은 언니를 의식한 듯 주변을 둘러보며 말했어요.

"아, 똑똑해! 음, 그곳은 사막이 넓게 펼쳐 있고 햇볕이 뜨겁게 내리쬐는 곳이야. 그래서 이집트 사람들은 더운 날씨 때문에 옷을 많이 안 입었어. 얇디얇은 천을 헐렁하게 둘러 입었지. 그림처럼 무용수들은 끈 하나만 허리에 달랑 매는 정도였단다. 그런데 옷은 많이 안 입어도 장신구는 빼먹지 않았어. 여자나 남자나 목걸이, 귀걸이, 팔찌 같은 장신구를 주렁주렁 매달고 다녔지."

나는 호기심에 그림을 샅샅이 살펴봤어요.

"눈 화장도 했네! 눈 가장자리를 저렇게 검게 칠하니 눈이 아주 커 보인다. 옛날 사람들도 큰 눈을 좋아했나 봐."

"그건 이집트 사람들이 몸에 난 구멍으로 나쁜 기운이 들어온다고 믿어서 그래. 그래서 눈은 검게 칠하고 입술은 붉게 칠했지. 나쁜 기운을 놀라게 해서 가까이 오지 못하게 한 거야."

"치, 그런다고 도망가? 그런데 뭐야, 저 사람들 화장이 어쩜 저렇게 다 똑같지? 개성도 없다."

"오랜 옛날에는 미용보다 주술적인 이유에서 화장을 많이 해서 그래. 너, 옛날 옷에 목이나 가슴, 손목 부분에 붉은 자수가 놓인 거 봤지? 그것도 그런 이유에서야. 몸의 중요한 부분으로 나쁜 기운이 들어올까 봐 붉은색을 넣은 거야."

삼촌의 눈빛은 그 어느 때보다 반짝였어요.

"삼촌, 여기 뭐라고 적혀 있어."

나는 그림 아래에 깨알같이 적혀 있는 설명을 읽었어요.

> 이집트 사람들은 남녀 모두 눈 화장을 했다. 곱게 빻은 공작석 가루를 기름에 섞어서 눈꺼풀과 눈가에 발라 눈을 강조했다. 호루스의 날카로운 눈을 표현한 것인데, 눈의 염증까지 예방해 주었다.

"에이, 눈의 염증 때문이라는데?"

"그 말도 맞아. 눈가에 바른 공작석 가루가 눈물샘을 자극했거든. 이집트에 사막이 오죽 넓어? 수시로 벌레가 날아들고 모래바람도 불었겠지. 그러니 공작석 가루를 이용해 눈물을 흘려 벌레나 모래가 눈에 들어가는 것을 막으려 했던 거야. 호루스라는 신처럼 눈가를 검게 해서 나쁜 기운을 물리치려 한 이유도 있고. 이처럼 옛날엔 주술적인 이유로, 또 환경에 적응하려는 이유로 화장을 많이 했어. 이집트에서 오늘날처럼 화장이 본격적으로 치장의 의미를 갖게 된 건 이 벽화가 그려진 이후 1,000년도 넘게 지난 클레오파트라 시기란다."

"그렇구나. 저기 여자들은 지금 파티하는 건가? 피리도 불고 춤도 추네."

공작석: 밝은 녹색을 띤 보석이다.
호루스: 이집트 신화에 나오는 태양신이다. 악의 신이라고 하는 세트와 싸우면서 왼쪽 눈을 다쳤는데 토트 신의 치료를 받고 나아, 호루스의 눈은 완전한 것의 상징이 되었다.

"그런 거 같다. 그림 제목이 '향연'인 걸 보니. 솔기야, 저 여자들 머리 위에 있는 작은 모자 같은 거 보여? 저건 향료를 섞은 기름 덩어리인데, 이집트에서는 파티가 시작되면 저 덩어리를 머리 위에 얹었대. 그러면 기름 덩어리가 체온과 더운 기온에 녹아서 방울방울 몸으로 흘러내렸다지. 기름 향기가 벌레를 쫓고 기름이 피부를 촉촉하게 했대. 사막에서 피부가 건조해지는 것을 막은 거지."

나는 온몸이 기름 범벅 된 느낌에 괜히 몸이 비비 꼬였어요. 정수리에서 뭔가 스멀스멀 기어가는 느낌이었지요.

"어휴, 말만 들어도 근질근질해. 몸에 로션만 발라도 끈적여서 싫은데, 머리에 기름을 쏟아부으면 그 느낌이 어떨까?"

"걱정 마셔. 저 사람들 머리, 가발이야. 햇볕이 강해서 가발을 모자처럼 쓰고 다닌 사람이 많았어. 가발이 햇볕뿐 아니라 열도 막아 주었거든."

"더웠겠다. 머릿속이 후끈후끈할 것 같아."

"가발을 쓰려고 머리를 짧게 자르거나 아예 밀어 버려서 그렇게 덥지는 않았을 거야. 또 가발을 통풍이 잘되게 만들었거든. 그물로 모자를 짠 다음, 그 위에 사람 머리카락이나 양털 등을 땋거나 간추려서 붙였어. 그러니 그물 사이로 바람이 솔솔 들어왔겠지?"

"우아, 삼촌 아는 것 무지 많다."

칭찬 한마디에 삼촌이 얼굴 가득 웃음을 지었어요.

"그래? 우리 이렇게 천천히 보다가는 다 못 보겠다. 빨리 다음 그림 보자."

사람 몸만큼 아름다운 것이 또 있을까?

저 남자 이름 맞혀 봐!

디오니소스와 아리아드네

그리스 신화에 나오는 내용 같은데……

이 그림은 눈에 익숙했어요. 그리스 신화 책에 많이 나오는 그림이에요.

"삼촌, 나 저 남자 누군지 알 것 같아. 말하지 마."

하지만 알 듯 말 듯 도무지 생각이 나지 않았어요. 결국 옆에 있는 이름을 힐끗 보고 나지막한 목소리로 말했어요.

"디-오-니-소-스."

"옆에 쓰인 것 보고 말했지? 너, 혹시 제우스라고 생각한 거 아냐?"

"헤헤, 맞아. 창 같은 걸 들고 있잖아."

"하긴 그리스 신들이 비슷해 보이긴 하지. 옷도 입는 둥 마는 둥 대충 걸쳐 입고 말이야. 저기 저 디오니소스는 술의 신이란다. 여기저기 떠돌아다니며 포도 재배를 전파한 신이지."

"크큭, 포도 재배를 너무 열심히 했나? 근육이 울퉁불퉁, 꼭 사람 같네."

"그건 그리스 사람들이 인간의 몸을 아주 아름답다고 여겨서 그래. 그래서 신도 인간의 몸을 하고 있다고 생각했지. 그리스 남자들은 틈만 나면 운동을 해서 자신의 몸을 더욱 아름답게 만들었단다. 그러고는 아무것도 걸치지 않은 채 운동 경기에 참여했지. 알몸으로 말이야."

나는 '알몸'이라는 말에 깜짝 놀랐어요. 옷을 벗고 경기를 하다니. 도저히 상상이 가지 않았어요. 그러다가 번뜩 떠오르는 것이 있었어요.

"아, 그래서 그리스 조각상이나 그림을 보면 벌거벗은 남자들이 많구나?"

"그렇지! 경기에 참가한 남자들은 자신의 몸을 더욱 돋보이게 하려고 온몸에 기름까지 발랐단다. 참, 너 텔레비전에서 보디빌더 본 적 있지? 그때도 근육이 도드라져 보

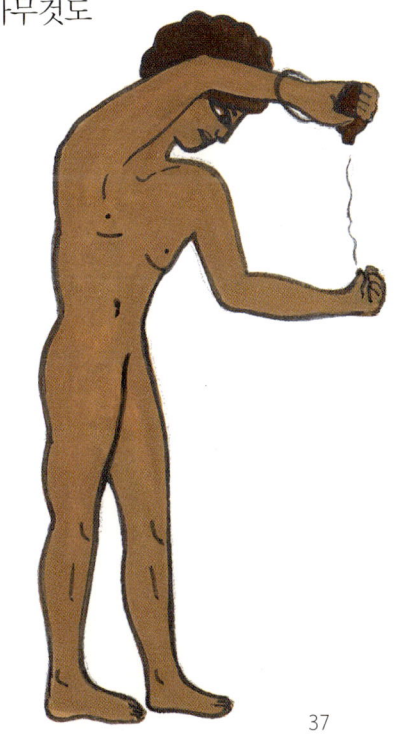

이게 하려고 기름을 바르잖아."

기름을 바른다는 말에 나는 이집트 그림을 볼 때처럼 또다시 온몸이 근질근질해졌어요.

"삼촌, 저 디오니소스는 운동을 야외에서 했나? 피부가 까무잡잡한 게 꼭 햇볕에 탄 것 같아. 헤헤. 그 옆의 여자 피부는 아주 하얗네. 집에만 있었나?"

"뭐, 그럴 수도. 옛날 그리스에서는 여자들이 외출을 자주 하지 않았으니까."

"왜?"

"외출이 자유롭지 못할 정도로 여자들의 지위가 낮았거든. 남성 위주의 가부장적인 사회였고, 여자가 거리를 돌아다니는 일을 정숙하지 못한 행동으로 여겼어. 특히 아테네에 사는 여자들은 축제나 연극 보러 나가는 일 외에는 밖에 잘 나가지 않았어. 집에서 남편과 아이를 위해 살림만 했고 화장도 남편에게 보이기 위한 화장이 대부분이었어. 나중에 외출이 자유로워지면서 달라졌지만 말이야. 아무튼 그리스 여자들은 저 그림처럼 하얀 피부를 좋아했단다. 창백하고 하얀 피부를 아름다움의 상징이라고 생각했어. 그래서 얼굴에 납 가루가 들어간 하얀 분을 발랐어. 납 가루는 가루 자체가 하얗기도 했지만 피부 표피를 벗겨서 기미나 주근깨 같은 잡티를 일시적으로 지워 주었단다. 잠깐이지만 피부를 진짜 하얗게 해 준 거야."

"생각만으로도 피부가 따끔따끔해."

"실제로는 따끔 정도가 아니었어. 납이란 물질은 피부에 화상을 입힐 정도로 독해. 구토와 어지럼증을 일으키고 뼈를 녹아내리게 할 뿐 아니라 심하면 죽음에 이르게 할 정도지. 그런데도 하얀 피부를 원하는 여자들은 얼굴에 납 가루 넣은 분을 바르고 다녔단다."

납 가루: 납은 푸르스름한 잿빛의 금속 원소이며 공기 중에서 변색되어 흐릿한 회색이 된다. 납 가루는 납 조각을 식초로 처리하여 밀봉한 뒤 열을 가해서 얻은 하얀 가루이다.

예뻐지고 싶은 마음은 인간의 본능이라지만, 왜 그렇게 위험을 무릅쓰면서까지 예뻐지고 싶었을까요?

　"참, 너 이발소가 그리스 시대에도 있었던 거 아니? 그리스 사람들은 몸에 털이 나는 것을 좋아하지 않았대. 털이 나면 깨끗이 면도해 버렸다지. 이런 취향 때문에 면도도 하고 머리카락도 자를 수 있는 이발소가 생겨났단다. 그렇다고 모두가 털을 싫어했던 건 아니야. 철학자나 노인들은 털이 있어야 위엄 있어 보인다고 일부러 수염을 길렀어. 신들 중에도 제우스나 포세이돈 같이 수염이 있는 신이 있어. 그런데 저 디오니소스는 면도를 했는지 턱과 가슴이 매끈하구나."

　나는 털이 있어야 위엄 있게 보인다는 말에 웃음이 났어요. 그러면서 사소한 것에도 나름의 이유와 이야기가 담겨 있다는 것이 흥미로웠지요.

　"헤헤, 삼촌도 수염 한번 길러 봐. 위엄 있어 보이겠다."

　우리는 다음 작품을 향해 발걸음을 옮겼어요.

삼촌, 여기에 그려진 사람들은 수염이 있어!

우린 화려한 게 좋아

고대 로마 시대의 귀부인

"옛날 미용실인가 봐. 한 사람한테 하나, 둘…… 우아, 넷이나 시중을 드네?"

다음 그림은 미용사가 손님의 머리를 핀으로 고정하는 모습 같았어요.

"미용실이 아니고 집이야. 시녀들이 주인마님 머리를 손질하는 거네. 이건 고대 로마 시대 그림이거든? 고대 로마는 그 세력이 이탈리아 반도와 유럽, 북아프리카와 페르시아에 이르는 아주 큰 나라였어. 그러니 로마의 귀부인이라면 몸단장을 위해 저 정도 시녀는 둘 수 있었지. 로마 제국의 네로 황제 부인은 마사지, 피부, 화장, 머리 등의 미용 담당 시녀들을 무려 100명이 넘게 두었단다."

"우아, 대단하다. 나도 저 시대에 태어날걸. 가만히 앉아 있으면 시녀들이 알아서 척척 다 해 줄 거 아니야. 와, 부럽다."

"시녀로 태어났으면 어쩌지, 하는 생각은 안 하고? 솔기야, 여기 봐라. 너와 네 동료들이 주인마님을 위해 아침에 하는 일이란다. 무척 힘들었겠어! 크크!"

삼촌은 배를 움켜잡고 웃으며 손가락으로 그림 설명의 한 부분을 가리켰어요.

여주인이 기상하면 시녀들의 손은 바빠졌다. 나귀 젖에 갠 밀가루 팩을 얼굴에서 떼어 낸 후 여주인의 입 냄새를 없애기 위해 입 안을 헹궈 주고 나뭇진을 씹게 했다. 여주인의 온몸을 문질러 때를 밀 때는 가슴, 팔, 다리, 겨드랑이 그리고 콧속에 난 털까지 제거해야 했다. 혹여나 털을 뽑는다고 살점을 건드리면 여주인에게 가혹한 처벌을 받아야만 했다.

"흥, 왜 내가 시녀야? 삼촌이 저 시대에 태어났다면 나귀나 키울걸?"

나는 약이 확 올랐어요. 그때 또각또각 구두 소리를 내며 도슨트 언니가 다가왔지요.

> 고대 로마 사람들은 자신을 가꾸는 데 관심이 많았어요.

나뭇진: 소나무나 전나무 따위 나무에서 분비되는 점도 높은 액체.

"나귀 젖은 얼굴의 주름을 없애 주고 피부를 희게 해 주는 효과가 있습니다. 그래서 로마 사람들은 여행할 때 나귀를 데리고 다니기도 했어요."

언니는 나와 삼촌이 다투기를 바라기라도 한 듯 얼른 우리 대화에 끼어들었어요. 나는 삼촌을 힐끗 쳐다보고는 보란 듯이 언니에게 말을 걸었지요.

"와, 로마 사람들은 참 대단해요!"

"으흠, 네, 로마 사람들은 자신을 가꾸는 데에 관심이 많았어요. 특히 목욕을 좋아했지요. 집에 목욕탕이 없는 사람들은 수시로 공중목욕탕을 찾았답니다."

"공중목욕탕이라고요? 옛날에도 그런 게 있었어요?"

"네, 그렇습니다. 로마의 목욕탕은 목욕만 하는 곳이 아니었어요. 운동도 하고 놀기도 하는 곳이었지요. 체육관, 사우나, 휴게실 같은 부대시설을 갖춘 목욕탕도 많았답니다."

"우아, 완전 찜질방이네……!"

나는 놀라움에 입이 다물어지지 않았어요.

"더 놀라운 것은 그런 목욕탕을 자신들이 점령한 곳에도 지었다는 거지요."

"대단해요!"

"북쪽으로 점령지를 넓혀 갈수록 날씨가 궂고 쌀쌀했기 때문입니다. 군인들이 지친 몸을 풀 곳이 필요했던 거지요."

"헤헤, 나도 추울 때 찜질방 놀러 가는 거 좋아하는데……."

"로마 사람들은 목욕하는 것 못지않게 목욕 후 화장수와 향유를 발라 피부를 매끄럽게 가꾸는 일에도 열심이었어요. 머리 모양에도 신경을 많이 썼고요. 불에 달군 쇠막대를 머리카락에 감았다가 살살 풀면 곱슬머리가 되었는데 이렇게 만든 머리카락을 늘어뜨리거나 올려서 멋을 냈습니다."

"아하, 그래서 로마 그림을 보면 곱슬머리가 많구나."

나는 재밌어서 귀를 쫑긋 세웠어요.

"로마 시대 때는 머리를 염색하는 것도 유행이었어요. 원래 로마 사람들의 머리카락은 짙은 갈색에 가깝지요. 그런데 국경 너머 금발 머리 사람들과 자주 접하면서 그들의 머리 색깔을 따라 머리를 노랗게 염색하기 시작했어요."

"그 옛날에 머리 염색을 했다고요?"

"네, 노란 꽃잎을 으깬 물로 염색을 했습니다. 당시 국경 너머에는 게르만 족이 살았는데, 로마 사람들은 게르만 족의 금발 머리를 부러워했지요. 염색이 귀찮은 사람들은 아예 가발을 만들어 썼어요. 가발은 게르만 노예들의 머리카락으로 만들었고요. 하지만 머리카락이 충분하지 않았지요. 그래서 머리에 금가루를 뿌리거나 금색 망사를 뒤집어쓰는 유행도 생겨났답니다."

나는 놀라서 입을 쩍 벌렸어요.

"저 당시 로마 인이 이상적이라고 생각한 여인상을 아세요?"

"음, 잘 모르겠어요."

"바로 금발 머리에 키가 크고, 피부는 하얗고, 눈가는 검은 여자랍니다."

"예?"

나는 로마 시대 때나 지금이나 서양의 미인상이 크게 바뀌지 않은 것이 신기했어요.

"이후 로마는 사치와 향락이 널리 퍼진 가운데 게르만 족의 침입으로 무너졌어요(476년). 그러면서 유럽은 교회가 중심이 된 새로운 세계를 맞이하게 되었습니다. 자, 그 새로운 세계로 한번 떠나 볼까요?"

게르만 족: 게르만 어파에 속하는 언어를 쓰는 북방 인종으로 남방 인종에 비해 키가 크고 눈이 파랗고 금발인 것이 특징이다. 북유럽 발트 해 근처 황량한 곳에서 수렵과 목축, 농경 생활을 하며 살다가 4세기 훈 족의 이동을 계기로 민족 대이동을 해, 유럽 각지에 게르만 왕국을 건설했다. 훗날 독일, 네덜란드, 영국 및 북유럽의 기초가 되었다.

화장이 죄라고?

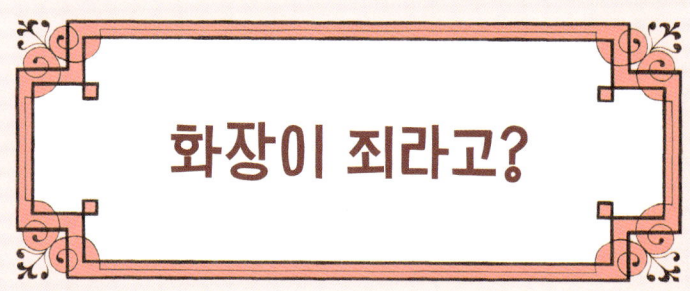

천사가 손가락질하며 뭐라 하는 것 같아요!

바빌론의 창부

"여기 한 여자가 거울을 보며 머리를 빗고 있습니다. 옆으로 천사와 성인이 보이네요. 그림은 무엇을 말하는 것 같나요?"

"음, 천사가 성인보고 저 여자는 하루 종일 머리만 빗는다고 흉보는 것 같아요. 헤헤……. 모르겠어요."

내 눈에는 여자가 천사 옆에서 삐딱하게 앉아 있는 모습이 좋아 보이지 않았어요. 그래서 그런지 천사가 성인보고 저 여자의 유혹에 넘어가지 말라고 주의를 주는 것 같았지요. 그때 멀찍이 서 있던 삼촌이 모기만 한 목소리로 중얼거렸어요.

"'거울은 겉멋 든 여자가 가장 아끼는 물건이며 화장은 신이 만든 얼굴에 덧칠하는 악마의 행위이다…….' 참 나, 뭐가 이리 무서워?"

도슨트 언니는 잠시 멈칫하더니 다시 말을 이었어요.

"중세 유럽에서 교회는 여자가 멋 내는 것을 혹독히 비난했어요. 향수를 쓰거나 머릿기름을 바르는 여자는 겉멋만 잔뜩 들었다고 했지요. 그런 겉멋 든 여자는 화장으로 여러 가지 얼굴을 만든다고 했어요. 집에 있을 때, 교회에 갈 때, 축제를 즐길 때, 상황에 따라 각기 다른 얼굴을 만들어 보인다는 겁니다."

"가면 쓰는 것 같겠어요."

"네, 맞아요. 교회는 얼굴을 꾸미는 화장이 가면으로 자신을 감추는 것이라고 했어요. 또 신이 만든 얼굴에 덧칠해서 악마의 모습으로 만드는 행위라고 했지요."

억지 같은 말에 내 두 눈은 왕방울만 해졌어요.

"왜요? 너무했어요."

"교회는 다른 신을 믿는 이민족이 언제 침입할지 모르는데 어떻게 태평하게 몸단장을 할 수 있느냐

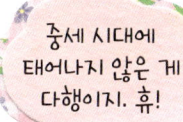
중세 시대에 태어나지 않은 게 다행이지. 휴!

고 했지요. 이와 같은 행위는 신이 자신의 형상대로 만든 인간, 즉 신의 작품을 손상시키는 일이라고 했습니다. 죽으면 흙이 될 몸을 순간적으로 꾸미는 행위는 헛되다고 했어요. 다만 정숙함을 표시하기 위해 처녀들 볼에 붉은색을 쓰는 것은 허락했지요. 한마디로 이 시대의 미인상은 성녀 같은 여성이었습니다."

"정말 너무했네. 그런데 왜 사람들은 교회 말을 들어야 했어요?"

"중세 시대의 유럽이 교회 중심의 세계였기 때문이에요. 395년 거대한 로마 제국이 동서로 분열되었고, 그 후 100년도 지나지 않은 476년에 서로마 제국이 무너지면서 서유럽은 혼란에 빠졌습니다. 여기저기에서 작은 왕국이 생겨났고 서로 다투었지요. 그 혼란한 시기에 사람들의 마음을 위로하고 이끈 것이 교회였어요. 사람들은 교회의 말을 잘 들었고 교회의 힘이 세졌지요. 중세 시대 교회는 왕보다도 강한 권력을 누렸답니다."

나는 화장을 좋아하지는 않지만 중세 시대에 태어나지 않은 것이 참 다행이라고 생각했어요. 규범에 꽁꽁 묶여서 꼼짝 못 하고 사는 건 정말 싫기 때문이지요. 그러면서 '내가 저 시대에 삼촌처럼 거울 보기 좋아하고 꾸미기 좋아하는 사람으로 태어났다면 어땠을까?'라는 생각을 했어요. 그때 삼촌이 슬금슬금 다가와 내 옷소매를 잡아끌었지요.

"솔기야, 너 중세 유럽 사람들이 얼마나 지저분했는지 아니? 목욕은 꼭 필요한 경우에만 했어. 여름에도 맘껏 씻을 수 없었단다."

나는 언니의 얼굴을 슬쩍 보고 말했어요.

"그, 그래? 정말 찝찝했겠네. 난 서양 사람들은 목욕을 자주 할 거라고 생각했는데. 피부가 하얘서 그런가? 헤헤!"

내 질문에 삼촌의 눈빛이 반짝였어요. '안 그래도 말하고 싶어서 입이 근질근질했는데 너 잘 물어봤다.' 하는 눈빛이었지요.

"로마 제국 시대 유럽에는 목욕탕이 많았다고 했잖아. 그런데 그 목욕탕이 남녀가 함께 목욕하며 술 마시고 노는 곳으로 변한 거야."

"정말? 아이, 창피해!"

"그러니 교회가 좋게 봤겠어? '청결하게 씻고자 하는 자는 영혼이 더러워서 그런 거다.', '신을 섬기는 자가 지저분한 것은 신앙이 깊어서 그런 거다.'라며 말도 안 되는 소리로 목욕을 금지했단다."

"으……! 여름에는 하루만 씻지 않아도 땀내 나는데 냄새 정말 심했겠다. 그런 사람들이 몰려 있는 교회는 냄새가 얼마나 심했을까?"

"지금과 비교해서 냄새가 심한 거지, 그 당시엔 그런 냄새가 익숙했어. 그런데 교회처럼 사람이 많이 모이는 곳에서는 향을 피우기도 했대. 잠시라도 냄새를 잠재우려 말이지."

"후유……."

나도 모르게 한숨이 새어 나왔어요.
현대에 살고 있다는 게 정말 다행이다 싶었지요.

신에서 인간으로

이 그림이 성모 마리아와 아기 예수라고?

"삼촌, 이 그림 제목이 뭔지 알아? 성모 마리아와 아기 예수래."

그림에는 마리아와 아기 예수가 천사들에 둘러싸여 있었어요. 그런데 뭔가 좀 이상했지요. 책에서 본 마리아와 예수는 성스러웠는데 이 그림은 전혀 그렇지 않았지요. 마리아가 한쪽 옷을 젖히고 있는 것이 좀 이상했어요.

"삼촌, 성모 마리아가 너무 야해!"

"응."

삼촌은 내 얘기를 듣는 둥 마는 둥 건성으로 대답했지요.

"뭐가 응이야? 내 말 들었어?"

삼촌은 허리를 굽혀 그림 설명을 읽고 있었어요. 이윽고 이해했다는 듯 고개를 몇 번이고 끄덕였어요.

"솔기야, 뭐라고?"

"성모 마리아가 좀 야한 것 같다고! 그래서 이상하다고!"

"왜, 가슴을 드러내고 있어서?"

"아니, 꼭 그렇다기보다 다른 성모 마리아 그림하고 느낌이 다르잖아."

"당연하지. 이 마리아는 가슴뿐 아니라 귀도, 어깨도 모두 드러내고 있으니까. 허리는 잘록하게 띠로 묶고, 머리에는 왕관까지 쓰고 있어. 그러니 이제까지 네가 봤던 머리부터 발끝까지 머릿수건과 옷으로 꽁꽁 가린 마리아하고는 전혀 다르지."

> 중세 시대의 성모 마리아 그림은 이렇게 머리부터 옷으로 가린 모습이에요.

〈블라디미르의 성모〉, 중세 시대 성모와 아기 예수 그림의 원형이라고 할 수 있는 그림이다.

"화가는 왜 이렇게 그린 걸까?"

"마리아를 인간과 신을 연결하는 존재가 아닌 자식에게 젖을 물리고 싶은, 모성애를 지닌 인간으로도 보자는 거지. 관심을 신에서 인간으로 돌리자는 거야."

"왜? 화가가 교회를 싫어했나? 아니면 사람들이 종교를 바꿨나?"

삼촌은 '바로, 그거야.' 하는 표정을 지었어요.

"중세 유럽에서는 교회의 힘이 아주 컸다고 했지? 그런데 교회 말만 믿고 유럽 사람들이 십자군 전쟁에 참여했다가 패하면서 교회의 권위가 땅에 떨어졌어. 당연히 교회의 힘이 줄어들었지. 이 전쟁으로 많은 유럽 사람이 목숨을 잃고 재산을 잃었거든. 그래서 사람들은 전쟁에 앞장섰던 교회의 말을 무조건 따르려 하지 않아."

"사람들이 신하고 상관없이 살겠다고 한 거야?"

"뭐, 꼭 그런 것은 아니지만, 이때부터 사람들이 신보다 인간에게 관심을 가지려고 한 거야. 르네상스의 영향도 컸어."

"르네상스? 그게 뭔데?"

"르네상스는 인간성을 회복하고 고대 그리스와 로마 시대의 문화를 되살리자는 운동이야. 그리스 사람들은 인간의 몸이 가장 아름답다고 여겼다고 했지?"

나는 곰곰이 생각해 봤어요. 또렷이 기억나지는 않지만 옷을 헐렁하게 걸치고 있던 남자 신의 그림이 떠올랐지요.

"으응, 그래서 그리스 신들이 인간의 모습을 하고 있다고 했지?"

"맞았어! 그동안 사람들은 종교적 규범 때문에 인간의 개성과 창의성을 자유롭게 표현하지 못했어. 여자들의 경우 자신을 꾸미기는커녕 머릿수건과 옷으로

십자군 전쟁: 서유럽의 기독교도가 성지인 예루살렘을 이슬람교도로부터 되찾겠다는 명분으로 일으킨 전쟁이다. 십자군이란 명칭은 전쟁에 참가한 기사들이 가슴과 어깨에 십자가 표시를 한 데서 붙여졌다. 11세기 말에서 13세기 말까지 무려 200년 동안 8회에 걸쳐 전쟁을 했다.

자신의 얼굴과 몸을 꽁꽁 감추고 살았지. 그러다가 르네상스의 영향으로 고대 그리스와 로마 시대 때처럼 인간에게 관심을 갖게 된 거야. 신과 인간을 연결해 준다고 생각한 마리아를 모성애를 지닌 아리따운 여자로 표현한 이 그림을 보면 이해되지? 사람들은 자신의 몸을 아름답게 가꾸는 데 열중했단다."

나는 삼촌의 말이 이해되지 않았어요.

"뭐가 아름다워? 이마가 너무 넓어서 징그럽네."

"그게 유행이었으니까. 아까 도슨트한테 들었지? 다빈치가 모나리자를 그릴 때 유럽에서는 넓은 이마가 미인의 조건이었다고. 이 그림도 그런 유행이 돌 때 그린 거지. 그런데 마리아는 앞 머리카락까지 뽑아서 확실히 넓긴 넓다."

나는 머리카락까지 뽑았다는 말에 움찔했어요. 머리카락을 한 가닥만 뽑아도 눈물이 찔끔 나는데, 이마가 저 정도로 드러나려면 도대체 몇 가닥, 아니 몇 뭉치를 뽑았을까 하는 생각이 들었지요.

"대머리 아저씨가 이 그림 보면 '아휴, 아까워!' 하겠다. 그렇지? 나라면 저런 유행은 안 따르겠어."

"모두 저렇게 하는데 나만 눈썹이 수북하고 앞머리가 길면 이상하게 보일까 봐 그랬겠지. 지금처럼 각자의 개성이 존중되는 시대가 아니었으니까. 어쨌든 솔기야, 여기 오디오 들어 봐라. 이 시대의 머리 미용법이란다."

🎧 여자들은 머리카락을 제거하기 위해 비소와 생석회를 섞어서 이마 주위에 발랐습니다. 그리고 남아 있는 잔털은 박쥐나 개구리의 피에 당근즙과 양배추를 태운 재를 섞어 발라 제거했습니다.

"뭐야! 너무 무시무시하다. 삼촌, 빨리 다른 그림 보자!"

저도 아름다워지고 싶은 여자랍니다
엘리자베스 1세

섬나라 영국을 유럽에서 가장 부강한 나라로 만든 엘리자베스 1세! 여왕이 아닌 한 여인으로서 그녀를 만난다.

{엘리자베스 1세의 프로필}

1533년 9월 7일 영국 런던의 그리니치 궁전에서 태어나다.
1536년 어머니 앤 불린을 잃다.
1558년 25세 나이로 여왕이 되다.
1588년 영국을 해상 강국으로 올려놓다.

엘리자베스 1세(1533~1603년)

우아, 이 옷은 엄청나게 화려해. 그런데 뭐야? 이 사람도 눈썹이 없네?

우울한 어린 시절

저는 영국의 왕 헨리 8세의 둘째 딸로 태어났어요. 공주로 태어나 축복받았을 거라고요? 아뇨, 결코 그렇지 못했어요. 아버지를 비롯해 많은 사람이 왕자를 간절히 바랐거든요. 아버지는 준비한 잔치를 모두 취소할 정도로 화를 내셨대요. 어머니는 아들을 낳기 위해 아이를 더 가지셨지만 번번이 유산하셨어요. 아버지는 왕위를 계승할 아들을 얻기 위해 다른 여자에게 눈을 돌렸고, 급기야 이런저런 죄목을 붙여서 어머니를 처형했어요. 저는 우울한 어린 시절을 보냈어요.

최고의 신붓감으로 통하다

다행히 교육은 잘 받았어요. 아버지의 여섯째 부인인 캐서린 파가 뛰어난 선생님들을 붙여 주셨거든요. 그 덕분에 그리스 어, 라틴 어, 프랑스 어, 이탈리아 어 등을 어려움 없이 사용할 수 있었고, 명예와 재력, 어머니를 닮아 예쁘고 단정한 외모까지 갖추었으니 유럽 왕국들 사이에서 최고의 신붓감으로 통했지요. 물론 전 평생 독신이었지만요.

화려함은 권력의 수단이다

"옷은 물론 머리, 목, 팔, 손에까지 보석을 단다."
"보석이 빼곡히 장식된 무거운 옷을 입고 다니는 게 참으로 신기하다."
"남편이 없으니 겉모습에 너무 집착한다."
사람들이 저를 두고 하는 말이에요. 비아냥거림에 기분 나쁘지 않으냐고요? 뭐, 썩 기분 좋지는 않지만 그게 다 관심이라 생각하고 흘려 넘겨요. 한때는 저도 검소했어요. 무채색 옷을 즐겨 입기도 했지요. 그런데 여왕으로 즉위한 후 생각이 달라졌어요. 한 나라를 대표하는 여왕이 눈에 띄지 않을 정도로 수수해서는 안 되겠다는 생각이 들었어요. 강한 통치자로서 위엄을 드러내야겠다고 생각했어요. 화려함을 권력의 수단으로 활용했지요.

하얀 얼굴에 집착하다

저는 하얀색을 참 좋아해요. 순결과 겸손, 신뢰를 상징하는 데다가 눈부시게 화려해서 좋아요. 그래서 옷에 진주며 백조, 백합, 백장미 문양 장식을 자주 사용해요. 또 하얀 얼굴도 좋아해, 분 화장을 즐기지요. 그런데 이 분 화장이 요즘 저를 힘들게 하네요. 피부 주름이 심해지고 이가 빠지기 시작했거든요. 사실 분에 납 성분이 들었으니 조심하라는 말을 듣긴 들었지요. 납이 피부의 수분과 윤기를 빨아들여 피부를 망친다나요. 하지만 젊을 때는 그런 말이 귀에 들어오지 않았어요. 피부가 건강하니 부작용이 잘 드러나지 않았거든요. 지금은 주름진 얼굴을 드러내기 싫어서 분 화장을 더 진하게 해요. 여기에 눈썹과 앞 머리카락을 뽑는 유행을 좇다 보니 주름이 더 도드라져……. (후유) 어쩔 수 없이……. 제 인생에 이 분 화장만큼은 정말 잘못된 선택인 것 같아요.

여러분은 잠깐의 아름다움을 위해 몸과 마음을 상하게 하는 어리석은 선택은 하지 마시길 바랍니다.

"우아, 이 남자는 정말 '나는 왕이다!' 하고 서 있는 것 같아."

"왕, 맞아. 18세기 초까지 프랑스를 다스린 프랑스 왕 루이 14세야. 태양왕이라고도 하지."

"태양왕? 태양처럼 몸에서 광채가 난다는 거야?"

"아니, 태양처럼 자신이 우주의 중심이라는 거지. 또 젊은 시절 태양신인 아폴론 역으로 발레 무대에 선 적이 있거든. 그런 이유 때문에 태양왕으로 부른 거야."

"저 통통한 아저씨가 발레를 했다고?"

나는 삼촌의 말이 믿기지 않았어요. 발레리노 하면 날씬한 남자가 떠올랐거든요.

"하긴 젊었을 땐 날씬했을 수도 있었겠어. 키도 크고, 멋있을 수 있었겠어."

"루이 14세는 키가 크지 않았어. 굽 높은 신발을 신고 솟은 가발을 써서 커 보이는 거야. 저 신발과 가발 덕분에 20센티미터는 더 커 보였다고 하지?"

"20센티미터? 우아, 루이 14세가 요즘에 태어났다면 분명 이만한 키 높이 깔창을 끼고 다녔겠네!"

나는 있는 힘을 다해 손가락을 쫙 펴 보였어요.

"하하, 그럴지도 모르지. 대단한 멋쟁이였으니까. 가발도 흑색, 흰색, 큰 거, 작은 거를 번갈아 썼거든."

"멋쟁이 아저씨가 머리카락이 없어서 가발을 쓴 건가? 헤헤!"

"루이 14세가 가발을 쓴 건 대머리 때문만은 아니야. 가발의 유행은 루이 13세 때부터 시작됐어. 아버지는 아들보다 훨씬 잘생겼고 멋쟁이였어. 긴 머리를 좋아했는데, 머리카락이 빠져서 고민이 컸다고 해. 어쩔 수 없이 가발을 썼는데, 멋있어 보였는지 유행이 된 거야."

"그럼 루이 14세의 가발은 키 높이 가발인가 보네. 헤헤! 그런데 저렇게 하고 다니면 불편하지 않았을까?"

"저런 걸 즐긴 거지. 거추장스럽게 보이지만 품위가 느껴지잖아. 실제로 루이 14세는 대신들이 수행하는 가운데 행사를 치르듯 옷을 입었대."

"안데르센 동화〈벌거벗은 임금님〉에 나오는 임금님 같았겠어. 거기서도 임금님이 그렇게 하잖아. 분명 대신들도 루이 14세를 흉봤을 거야. 흥!"

나는 나와 상관없는 사람인데도 괜히 못마땅했지요.

"사람들이 지켜보는 가운데 옷을 입어야 기운이 솟는다는 거지. 대신들은 왕의 행사를 도왔다는 것을 영광으로 삼았겠고. 이런 식으로 루이 14세는 자신의 아름다움을 과시하고 드러내면서 강력한 절대 왕정을 구축했어. '짐이 곧 국가다.'라고 말할 정도였지."

"짐이 국가라고? 그 시절에 왕의 힘이 그렇게 셌어? 교회 힘이 약해졌기 때문인가?"

"빙고!"

삼촌은 감탄하는 표정을 감추지 못했어요.

"솔기가 삼촌 말을 아주 잘 들었구나. 네 말대로 교회의 힘이 약해지니까 왕 스스로가 국가라고 할 정도로 왕의 힘이 세졌어. 왕의 명령이 곧 법인 세상이 된 거지. 그런 세상에서 왕은 위엄 있게 보이려고 애를 썼어. 자신의 궁전을 어떠한 궁전과도 비교할 수 없을 정도로 크고 웅장하게 지었단다. 유럽 여러 나라의 왕들이 찾아와서 그 눈부신 궁전을 보고는 경탄을 금치 못했다고 하지."

"루이 14세의 어깨가 으쓱해졌겠어. 그런데 왕이 저 정도면 왕의 부인은 어땠을까? 아무래도 여자는 더 화려했을 거야."

"궁금해? 궁금하면 집에 가서 찾아봐!"

"헤헤, 삼촌도 모르는구나?"

"삼촌이 모르는 게 어디 있어?"

삼촌은 허리를 곧추세우고 의기양양한 모습으로 앞서갔어요.

우아, 화려하다! 반짝반짝 빛나는 것 같아!

베르사유 궁전. 처음에는 루이 13세가 지은 사냥용 별장이었으나 루이 14세가 대정원을 짓고 건물을 증축하며 전체 길이 680m에 이르는 대궁전을 이루었다.

머리에 밀가루는 왜 뿌리셨나?

프랑스 왕비라…….

"이 여자야? 이 여자가 루이 14세 부인이야?"

"아니, 그의 증손자인 루이 15세의 손주 며느리."

"아이, 복잡해!"

"그럼, 너 마리 앙투아네트라고 들어 봤어?"

"음, 들어 보긴 했는데……. 헤헤, 자세히는 몰라."

"마리 앙투아네트는 18세기 말경, 프랑스를 다스렸던 루이 16세의 부인이야. 이 그림을 1783년에 그렸으니 대략 앙투아네트가 20대 후반 정도 됐겠다."

"잉? 그렇게 젊어? 나이 들어 보이는데. 머리가 하얘서 그런가?"

"머리가 하얀 건 머리에 밀가루를 뿌려서 그래. 그것이 저 당시 유행이었거든. 머리가 희면 나이 들어가는 게 잘 느껴지지 않는다고 해서 남녀 불문하고 머리를 하얗게 하고 다녔어."

나는 얼굴을 하얗게 하려고 몸에 좋지 않은 납 가루를 발랐다고 한 말이 생각났어요. 그것에 비하면 밀가루는 차라리 낫다고 생각했지요.

"몸에 나쁘지는 않았겠네. 밀가루는 사람이 먹는 거잖아."

"그러니까 문제였지. 백성들은 밀가루가 없어서 굶어 죽는데 왕실과 귀족들은 그 귀한 밀가루를 머리에 펑펑 쏟아부었으니 말이야. 결국 왕실과 귀족들의 사치스러운 생활에 화가 쌓이고 쌓인 백성들이 들고일어나 왕을 몰아냈어."

"맞아. 할머니가 먹는 거 가지고 장난치지 말라고 하셨어. 그런데 밀가루를 뿌린 머리는 어떻게 감지? 머리가 끈적끈적, 마치 밀가루 반죽에 머리카락을 섞어 놓은 것 같겠다. 으윽!"

"쉽지는 않았겠지. 그런데 저 시대에도 사람들은 잘 안 씻었어. 머리를 하얗게 하는 거 말고도 그림처럼 머리를 잔뜩 부풀려 올리는 게 유행했거든. 저렇게 머리를 올리려면 머리 위에 작은 쿠션을 얹고 가발을 써야 했지. 거기에 밀가루

뿌리는 것을 시작으로 리본, 레이스, 꽃, 인형, 심지어 풍차까지 장식물로 얹었어. 그러니 애써 만들어 놓은 머리가 아까워서 어떻게 머리를 감겠어? 한 달에 고작 한두 번 정도 빗질만 할 뿐이었지. 가려우면 꼬챙이로 머리 속을 벅벅 긁고 말이야."

"정말 생각만으로도 머리가 근질근질하다! 그런데 머리도 하얗고 얼굴도 하얗고. 잘 안 씻으면서 하얀 것은 왜 그렇게 좋아했지?"

"그러게 말이야. 햇볕에 타기 싫어서 마스크까지 썼을 정도란다."

"마스크? 귀에 걸어 쓰는 거?"

마스크란 말에 나는 약국에서 파는 헝겊 마스크가 떠올랐어요.

"아니, 눈만 뻥 뚫린 가면 같은 거."

가면이라고 하니 이번엔 하회탈 같은 가면이 떠올랐지요.

"머리를 저렇게 예쁘게 하고 마스크를 뒤집어써?"

"어, 뭐 이렇게……."

삼촌은 양팔을 머리 위로 엉거주춤 올리는 시늉을 했어요. 그때 도슨트 언니의 긴장된 목소리가 들려왔어요.

"으흠, 아닌데요!"

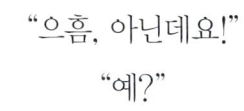

"예?"

우리는 깜짝 놀라 뒤를 돌아봤어요.

"마스크 안쪽 입 부분에 걸개가 달려 있었어요. 그것을 이 사이에 끼워 착용했어요. 그래서 앞니가 부러지는 사고가 잦았지요. 그러다가 마스크에 끈을 달아 귀에 걸쳐 착용하는 마스크가 유행했어요."

삼촌은 얼굴이 붉게 달아올랐어요. 언니는 그런 삼촌의 모습에 아랑곳하지 않고 말을 이었어요.

　"마스크가 햇볕에 얼굴이 타는 것을 막아 준다는 말은 맞아요. 덧붙여 말한다면 이미 생겨난 잡티를 가려 주는 역할도 했습니다. 그런데 마스크처럼 깨끗하지 못한 피부를 가려 주는 것이 또 있었어요. 검은색 종이를 별이나 달 같은 모양으로 오려서 주근깨나 뾰루지 같은 부위에 붙이는 거지요. 일종의 스티커 같은 겁니다. 하얀 얼굴에 매력을 주는 점이라고 해서 '애교점'이라고 부르기도 했지요. 나중에는 사람들이 하도 이곳저곳 붙여서 보기 싫다는 뜻으로 '혐오점'이라고 불렀다고도 하지요."

　언니의 설명이 길어지자 삼촌은 슬그머니 발걸음을 옮겼어요. 그 모습을 보고 이제부터 나는 누구의 설명을 들어야 하나 잠시 고민을 했답니다.

　"…… 삼촌, 같이 가!"

아파 보이는 화장이 대세

"우아, 나 이런 잠옷 좋아해."

나는 삼촌의 기분을 풀어 주려고 얼른 삼촌의 팔짱을 꼈어요.

"하늘하늘한 게 정말 멋지다. 나도 파자마 같은 잠옷 말고 저런 긴 드레스 같은 잠옷 입고 싶어. 그러면 잠이 아주아주 잘 올 것 같아. 저 잠옷 예쁘지, 삼촌?"

나는 삼촌의 마음을 달래려고 자꾸 말을 걸었어요.

"저거 잠옷 아니야."

"그럼, 속옷인가?"

"속옷도 아니야."

"그럼, 뭐야! 겉옷이야?"

"응."

내 사전에 불가능은 없다!

삼촌은 어색한 미소를 지으며 말했어요.

"아까 내가 왕실과 귀족들의 사치스러운 생활에 화가 쌓이고 쌓인 백성들이 왕을 몰아냈다고 했지? 바로 프랑스에서 시민 혁명이 일어난 거야. 그 이후 자유로운 사회 분위기가 형성되면서 여자들은 자연스럽고 편안한 옷을 입고 싶어 했어. 때마침 산업 혁명도 일어났어. 기계는 놀랄 정도로 얇고 부드러운 옷감을 생산해 냈단다. 그러면서 이 그림처럼 얇디얇은 속옷 같은 옷이 등장했어."

삼촌은 기분이 좋아졌는지 목소리를 높였어요. 그런 삼촌을 보니 덩달아 나

시민 혁명: 중소 상공업자를 중심으로 한 시민 계급이 절대 왕정을 무너뜨리고 자유와 평등의 원리에 입각한 민주 정치를 만들고자 한 혁명이다.

도 기분이 좋아졌지요.

"솔기야, 너 나폴레옹이 누군지 알아?"

"으응, '내 사전에 불가능은 없다.'라고 하면서 유럽을 정복한 프랑스 왕?"

"오우, 맞아! 대단한데? 아까 왕과 귀족에게 화가 난 백성들이 들고일어났다고 했지? 그때 영웅처럼 등장한 사람이 바로 나폴레옹이야. 나폴레옹은 혼란스러운 프랑스를 정리한 뒤 스스로 왕보다 한 단계 높은 황제가 되었단다. 나폴레옹의 부인이 바로 그림 속의 여자, 조제핀이야. 미인이지?"

"미인? 이 여자가 미인이라고? 글쎄……."

나는 그림 속의 여자가 환자 같아 보였어요. 하얀 피부에 주름진 얇은 옷을 입은 모습이 그리스 석고상같이 느껴졌지요.

"온몸이 너무 하얘. 머리가 검어서 그런가? 아무튼 좀……. 살아 있는 사람 같지 않아."

"그래서 사람들이 조제핀을 두고 당대 최고 멋쟁이라고 한 거야. '핏기 없는 창백한 피부에 움푹 들어간 눈, 갈색 머리'라는 당시 미의 조건을 다 갖춘 여자란 말이지."

"도대체 옛날 유럽 여자들은 왜 그래? 나처럼 건강미 넘치는 사람이 저 시대에 태어났다면 못생긴 여자 취급 받았겠어."

"시대에 따라 아름다움의 기준이 다르니까."

"쳇, 별꼴이야."

"솔기야, 그만 투덜대고 여기 읽어 봐라."

삼촌이 손가락으로 그림 아래의 작품 설명을 가리켰어요.

"어디, 어디. 아, 여기?"

🔊 여자들은 화장을 할 때도 눈에 띄지 않게 했고 입술은 손수건으로 가볍게 문질러 색을 붉게 하는 정도였다.

"이 시대에는 화장을 진하게 하지 않았어. 나폴레옹이 환자같이 창백한 조제핀을 보고 시체 같으니 제발 볼에 연지 좀 칠하라고 했지. 그 정도로 이 시대 멋쟁이들은 허약해 보이려고 애썼어."
나는 삼촌의 말을 들으면서 다음 부분을 읽었어요.

🔊 마른 몸을 만들기 위해 레몬과 식초를 먹고 마셨고, 눈 둘레가 검게 변하도록 밤늦게까지 책을 읽었다.

"어휴, 유행 따라 사는 것은 정말 어려워. 이 시대 멋쟁이들은 건강하지 못했을 것 같아."
"하하, 맞아. 얇디얇은 옷을 조금만 입는 유행 때문에 폐렴 환자가 늘어나기도 했어. 그런데 건강에 좋은 습관도 있었단다. 미인은 청결해야 한다고 해서 이전보다는 목욕을 자주 했어. 비누도 사용했고. 이제 여기는 이만 보고, 자, 자, 빨리 가자!"
삼촌은 서둘러 다음 그림으로 향했어요.

아름다움은 당당함에 있어

바지 입은 여인

이 시기 미국의 아멜리아 블루머는 불편한 옷 대신 여자도 편한 바지를 입자고 주장했어.

"어, 이 그림은 완전 다르다! 이 여자는 꾸미지 않았는데도 멋진데?"
그림 속 여자는 옷도, 화장도, 머리도 화려하지 않았지만 당당해 보였어요.
"삶의 스타일이 다양해지니 옷차림에 혁명의 바람이 분 거지."
"그게 무슨 말이야?"
"음……, 산업이 발달하자 삶의 형태가 달라졌어. 사람들은 여가를 이용해 운동을 하거나 여행을 갔지. 여자들은 공장에 나가 일하기 시작했고. 그러면서 다양한 옷차림이 등장했어. 자전거 타기에 적합한 저런 옷처럼 말이야."
"삼촌, 이 그림 오디오 설명 있지? 나 한번 들어 볼래."
나와 삼촌은 이어폰을 한쪽씩 나눠 꽂았어요. 오디오의 스위치를 켜자 '딩동' 소리와 함께 낭랑한 목소리가 들려왔지요.

🎧 19세기 중반, 미국인 아멜리아 블루머가 여성의 권리와 의복 개혁을 주장하며 통 넓은 바지를 선보였습니다. 유행에 끌려 사는 것은 어리석은 일이기에 온몸을 조이거나 부풀리는 속옷을 벗자는 것입니다. 그러면서 여자들은 남자들과 똑같은 권리를 가진 사람이며 남자들이 바지를 입는다면 여자들도 바지를 입을 수 있다고 외쳤습니다…….

"뭐하러 바지를 입을 수 있다고 외쳐? 그냥 입으면 되지."
삼촌은 오디오의 스위치를 껐어요.
"음……, 그건 그때까지 여자들에게 바지는 겉옷이 아니고 속옷이었기 때문이야. 우리나라도 그 당시엔 그랬어. 그런데 굳어진 생각을 바꾸기란 쉬운 일이 아니지. 그 당시엔 여자들조차 블루머를 보고 미쳤다고 했거든. '어디서 창피하게 속바지를 입고 돌아다녀?' 하며 때리기까지 했단다."

"어머, 나빴어!"

나는 내가 당한 것처럼 속이 상했어요.

"허리를 조이고 치마를 부풀리는 속옷 때문에 질병과 사고가 많았지만 옷차림에 대한 생각은 쉽게 변하지 않았지."

"에이, 조금 전에 삼촌이 자연스럽고 편한 옷이 유행했다고 했잖아?"

"맞아, 그땐 그랬지. 그런데 또다시 몸을 조이고 부풀리게 표현하는 옷차림이 유행했어. 이번에는 치마의 부풀어지는 정도가 더 심해졌어. 새장처럼 생긴 속옷이 발명된 거야. 이 속옷은 우산 펼치듯 겉치마를 단번에 부풀려 놓았지. 그런데 이 속옷을 입으면 문을 통과하기도 마차에 올라타기도 힘들었어. 바람이라도 불면 우산처럼 벌렁 젖혀져서 버둥대야 했다지."

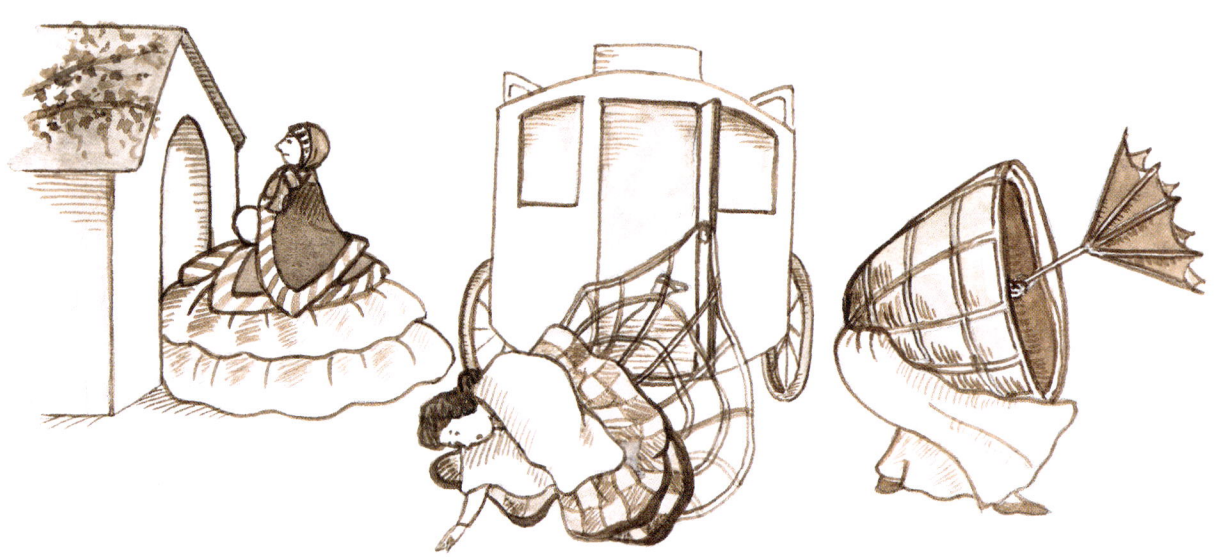

"그런 걸 왜 입어? 정말 블루머가 바지를 입자고 외칠 만하네."

"그렇지? 블루머의 주장은 쉽게 받아들여지지 않았어. 하지만 블루머의 끈질긴 노력과 다양해진 삶의 형태가 여자들의 생각을 바꾸는 계기가 됐지. 편하고 실용적인 옷에 대해 눈을 뜬 거야. 특히 1890년대에 자전거 타기가 널리 유행하면서 여자들도 자전거 타기 같은 스포츠에 도전했단다. '남자들이 할 수 있는 일이라면 여자들도 할 수 있다.'고 생각한 거지."

"그래서 그림 속 여자가 자신감 넘치고 당당해 보이는구나. 마치 '여자들도 바지 입고 자전거 탈 수 있다!' 하는 것 같아."

"하하, 그렇게도 보이네. 드디어 여자들이 자신을 꾸미는 일이 다른 사람의 눈을 의식해서 하는 게 아니란 걸 깨달은 거야."

"그럼, 화장도 안 했겠네? 화장도 남을 의식하고 하잖아."

"그건 아니야. 꾸미는 일을 자신을 위한 일이라고 생각했어. 목욕과 양치질을 자주 했고, 독성이 적은 가루분의 생산으로 화장을 하는 사람이 오히려 늘어났어. 여기에는 의학과 화학의 급속한 발전이 한몫했지. 화장품도 다양하게 생산돼, 눈 화장만 해도 속눈썹과 눈썹, 눈두덩에 칠하는 화장품이 각각 달랐단다."

"얼마나 신기했을까? '이게 뭐야?' 하며 너도나도 사고 싶어 했을 것 같아."

"돈 있는 사람이야 살 수 있었지만 형편이 안 되는 사람은 구경만 해야 했지. 집에 와서 따라 해 볼 뿐이었어."

"어떻게?"

"접시를 촛불에 그을려 생겨난 그을음을 아이라이너로 사용했어. 그 그을음을 낙타의 털로 찍어서 눈가에 발랐지. 흐리긴 해도 나름 괜찮았다고 해."

"와, 아이디어가 대단하다! 설명을 들으니 화장의 역사가 생각보다 재밌네."

나는 엄지를 번쩍 치켜들며 말했어요.

"그래? 그런데 서양 그림은 다 본 것 같다. 어때, 한 번 더 돌아볼까?"

삼촌이 떠보듯이 물었지만 나는 집에 가서 숙제할 생각에 곧바로 출입구로 향했답니다. 얼른 다음 전시도 봐야 하니까요.

"왜 이렇게 어깨가 뻑뻑하지?
계속 고개를 들고 그림을 봐서 그런가?"
 나는 서양관에서 나오자마자 힘 있게 기지개를 켰어요.
 삼촌은 내 말을 듣는 둥 마는 둥 주변을 두리번거리더니,
 "솔기야, 삼촌 화장실 갔다 올 테니 여기서 기다려."
하고는 안내 데스크를 향해 종종걸음을 쳤어요.

"어휴, 삼촌은 왜 이렇게 안 와."
하는 일 없이 기다리는 일은 정말 지루했어요.
'그래, 내가 없으면 먼저 들어간 줄 알겠지.'
나는 주변을 돌아보고는 기와 지붕이 그려진 방으로 쏙 들어갔답니다.

동양 화장의 역사

빨간 연지를 두 뺨에 콕!

차마인물도란 차(마차)와 마(말)와 인물(사람)이 나오는 그림을 말해요.

띠딩~딩~딩!

아무도 없는 방에 가야금 소리만 가득했어요. 나는 장난삼아 두 팔을 들고 덩실덩실 어깨춤을 추었지요.

"얼씨구, 좋~다!"

"삼촌은 어디 가시고, 우리 친구 혼자인가요?"

그때 귀에 익은 목소리가 바로 뒤에서 들려와 깜짝 놀라 뒤를 돌아봤어요. 언제 따라왔는지 도슨트 언니가 빙그레 웃고 있었지요.

"저기, 삼촌은 화장실에······."

나는 춤춘 것이 부끄러워 얼른 고개를 돌렸어요. 눈앞에 낯익은 그림이 걸려 있었어요.

"고구려의 대표적 무덤 중에 하나인 쌍영총에 그려진 벽화예요. 고구려에 대해서는 학교에서 배웠겠지요?"

"예? 아, 네······."

힘없는 대답에 언니가 그림 아래를 가리켰어요.

"거기 읽어 보세요."

고구려는 기원전 37년에 건국된 나라이다. 일찍이 나라의 기틀을 잡고 한반도 북방과 만주, 요동 일대까지 영토를 넓혀 나갔다. 그리고 668년 신라와 당나라 연합군에 멸망하기 전까지 동북아시아의 강대국으로서 찬란한 문화유산을 남겼다. 대표적인 미술 유산으로 고분 벽화가 있다.

눈으로 읽기만 하는 내가 답답했는지 언니는 크게 헛기침을 했어요.

"으흠! 고분 벽화는 그 당시 사람들의 일상생활을 상세히 그려 놓은 기록 사

쌍영총: 평안남도 용강군에 있는 고구려의 고분.

진 같은 것입니다. 그 덕분에 우리는 옛사람들이 어떤 옷을 입었고, 어떻게 꾸미고 다녔는지, 세세한 것까지 알 수 있지요. 여기, 이 여자들을 보세요."

언니는 그림 속의 세 여자를 가리켰어요. 주름치마에 긴 저고리를 입고 머리에 띠를 두른 모습이 무척 세련돼 보였지요. 세 사람 모두 뺨에 빨간 점을 찍었어요. 나는 언니에게 작은 목소리로 물었어요.

"저 빨간 점은 뭐예요?"

"연지입니다. '주사'라는 광물질 가루를 물에 개거나 붉은 꽃잎을 찧어서 만든 화장품이에요. 나쁜 귀신이 붉은색을 싫어한다고 믿었기 때문에 뺨과 입술에 연지를 찍었다고 하지요. 또 다른 이유도 있어요. 인생에서 가장 아름다운 때인 15, 16세의 아름다움을 계속해서 간직하고 싶어 연지를 찍었다고도 합니다. 이때는 뺨은 복숭앗빛에 입술은 앵둣빛이 된다고 하지요."

"아, 시집갈 때 연지 찍는 것도 그래서였구나."

"그렇지요. 고분 벽화를 보면 신분과 상관없이 여자들이 연지 화장을 한 걸 알 수 있어요. 그런데 여자들이 연지 말고 또 어떤 화장을 했을까요?"

나는 그림을 찬찬히 살펴봤어요.

"음, 피부가 아주 하얘 보여요. 분 화장을 했나? 잘 모르겠어요."

"분 화장, 맞아요. 어느 나라건 사람들이 하얀 피부를 참 좋아한 것 같지요? 우리나라의 경우는 단군 신화에도 나타날 정도랍니다. 곰과 호랑이가 햇빛 들지 않는 캄캄한 동굴에서 백 일 동안 쑥과 마늘만을 먹어야 했다는 거 잘 알지요? 쑥과 마늘은 예부터 피부 미백제로 사용된 재료이고 오랫동안 햇빛을 쬐지 않으면 피부가 하얘지는 건 당연하지요. 아마 곰에서 여인으로 다시 태어난 웅녀는 희고 고운 피부를 가졌을 거예요. 이것만 보더라도 우리나라 사람들이 얼마나 하얀 피부를 좋아했는지 추측할 수 있어요."

"우리나라에서도 납 가루가 섞인 분을 발랐겠네요?"

나는 자신 있게 물었어요. 서양 전시관에서 여자들이 하얀 피부를 위해 납 가루 섞인 분을 사용했다는 말이 떠올랐거든요.

"네, 그래요. 납 가루가 섞인 분을 신라에서 시작했다는 기록이 있어요. 그 전엔 곡물 가루에 분꽃 씨앗 가루나 조개껍데기를 태워 만든 가루, 동물의 뼛가루 같은 것을 혼합해서 사용했지요. 이 혼합물은 피부를 하얗게는 했는데 흡착력과 발림성이 약했어요. 그래서 신라에서는 분을 보다 쉽고 빠르게 얼굴에 스며들게 하려고 납 가루를 섞었다고 하지요. 또 분을 바르기 전에 '실면도'라는 것도 했대요. 실면도는 꼰 실로 면도를 하는 것이에요. 그때 이미 신라 사람들은 얼굴에 털이 없어야 분이 잘 발라진다는 걸 안 거지요."

나는 '실면도'라는 말에 귀를 쫑긋 세웠어요. 찜질방에서 실면도 하는 모습을 종종 보았기 때문이에요. 꼰 실을 얼굴에 대고 올리고 내릴 때마다 얼굴의 솜털이 빠지고 얼굴이 반질반질해지는 것이 정말 신기했지요. 그때는 저런 것을 왜 하나 했는데, 화장이 잘 받게 하기 위해서라니 이제 궁금증이 풀렸어요.

"그렇구나. 그런데 실면도는 안전한가요?"

"뭐, 꼭 안전하다고는 말할 수 없어요. 피부의 수많은 털을 억지로 빼내는 거잖아요? 털을 싸고 있던 주머니가 자극을 받으면 그곳에 세균이 침투해서 염증을 일으킬 수도 있지요."

"생각해 보니 그러네. 참, 여자들은 예뻐지려다가 병나겠어요."

"예뻐지고 싶은 마음이 어디 여자뿐일까요? 자, 신라의 화장 이야기는 다음 그림에서 계속하겠습니다."

언니는 새로운 궁금증을 남겨 놓고 옆방으로 사라졌어요. 나는 놓칠세라 발걸음을 재촉했어요.

화랑이 꽃미남이었다고?

"그림에서 머리 길고 얼굴 뽀얀 사신은 요즘 사람 같아요. 꽃미남이에요!"

나는 저 남자가 머리를 염색하고 옷을 몸에 꼭 맞게 입으면 어떨까, 그러면 아이돌 가수 못지않게 멋질 거라는 상상을 해 봤지요.

"신라 사신입니다. 말끔한 외모가 눈에 띄지요?"

"저 사람이 신라 사람이에요? 우아, 멋지다!"

"신라에서는 남자의 용모를 중요하게 생각했어요. 화랑의 선발 기준에 '외모가 아름다운 남자'가 들어 있을 정도지요. 박혁거세의 경우만 봐도 그래요. 참, 우리 친구는 박혁거세가 누군지 알지요?"

"네? 신라 왕이었나?"

"맞아요. 신라 최초의 왕이에요."

"후유!"

나는 어려운 시험을 통과하기라도 한 듯 안도의 한숨을 내쉬었어요.

"박혁거세는 알에서 태어났다고 하지요. 박혁거세의 일화를 보면 사람들이 알을 깨고 태어난 박혁거세를 목욕시키니 몸에서 광채가 났다고 해요. 박혁거세는 모두가 놀랄 정도로 아름다운 용모를 지녔다고 하지요. 이를 보면 신라는 나라를 세운 왕의 용모를 중시한 나라임을 알 수 있어요."

"정말 신라 사람에 비하면 다른 나라 사신들은 할아버지 같고, 산적 같아요."

언니는 내 말을 듣는 둥 마는 둥 말을 이었어요.

"신라 사람들은 아름다운 육체에 아름다운 정신이 깃든다고 믿었어요. 깨끗한 몸과 단정한 옷차림, 아름답게 꾸미는 걸 좋아했지요. 화랑 역시 무술 훈련은 물론이요, 자신을 아름답게 꾸미는 방법까지 배워야 했습니다."

"남잔데도요? 조금 전에 '예뻐지고 싶은 마음이 어디 여자뿐일까요?'라는 말은 신라 남자들을 두고 하신 거예요?"

화랑: 신라의 청소년 수련 단체로 진흥왕 때에 인재를 선발할 목적으로 만든 조직이다.

"네, 맞아요. 신라 남자들은 화장도 했습니다. 얼굴에는 하얀 분을, 입술에는 붉은 연지를 발랐지요. 눈썹에는 기름에 갠 숯가루를 발랐습니다. 짙은 눈썹이 남자답다고 생각했거든요. 그림 속 남자를 보세요."

나는 신기한 마음에 그림을 다시 한 번 살폈어요.

"우아, 분 화장을 해서 얼굴이 뽀얗구나. 그러면 납이 든 분으로 화장을 했겠네요. 아까 그렇게 말씀하셨지요?"

"음……, 그거야 개인에 따라 다르지요. 납이 든 가루를 썼을 수도 있겠고, 그냥 곡물 가루에 이런저런 가루를 혼합하여 썼을 수도 있겠지요. 그런데 신라에서는 혼합된 가루를 얼굴에 그냥 바르지 않았어요. 말한 대로 분을 바르기 전에 실면도를 하거나 족집게, 면도칼로 얼굴의 털을 제거했어요. 그런 다음 분을 바르고 20~30분간 잠을 잤지요. 자는 동안 피지가 분비되어 분이 얼굴에 잘 스며들게 하려고요. 이 과정이 복잡하고 귀찮다고 생각한 사람은 납이 든 분을 사용했겠지요."

나는 아름다워지려는 마음은 옛날 사람이라고 다르지 않다는 생각에 입이 헤 벌어졌어요.

"신라 사람들은 목욕도 자주 했습니다. 건강과 미용 목적으로도 했지만, 다른 사람에게 불쾌감을 주지 않으려는 이유로도 했지요. 불교가 일상생활에 깊은 영향을 미친 이유도 있어요. 재를 올리기 전에 몸을 깨끗이 하는 것이 교리상 무척 중요하기 때문이에요. 그래서 사람들은 종교나 제사 등 성스러운 행사를 하기 전에 으레 목욕을 했어요. 건강을 위해 목욕물에 인삼이나 마늘, 쑥 등을 넣기도 했답니다."

"우리 동네 목욕탕에도 그런 거 넣어요."

피지: 피부에 있는 피지선에서 나오는 분비물로 피부의 건조함을 막는다.

반가운 마음에 목소리가 올라갔지요. 동네 목욕탕 목욕물에는 늘 쑥이 한 자루 담겨 있어요. 쑥을 우려낸 물은 시커멓고 보기 싫지만 그 물로 목욕을 하고 나면 피부가 매끈해서 기분이 좋았어요.

"불교는 목욕뿐만 아니라 향을 보급시키는 데도 크게 영향을 주었어요."

"향이라고요?"

"네, 제사 지낼 때 피우는 향 말이에요. 신라 사람들은 침실에도 향을 피울 정도로 향을 좋아했습니다. 화랑들은 옷소매나 허리춤에 향료 주머니를 차고 다녔어요. 바람을 타고 향기가 은은히 풍겨 나게 말이에요."

"우아, 멋있다!"

나는 두 눈을 감고 화랑의 모습을 상상해 봤어요.

"헉, 헉!"

바로 그때, 거친 숨소리와 함께 뒤통수 쪽으로 후끈한 기운이 느껴졌어요.

"야, 뭐가 멋있어? 강솔기!"

나는 깜짝 놀라 뒤로 돌았어요. 삼촌이 붉어진 얼굴로 서 있었지요.

"너, 내가 밖에서 기다리라고 했는데, 왜 여기 있는 거야?"

"미안, 미안! 내가 안 보이면 삼촌이 이리 들어올 거라 생각해서……."

"이 끝에서 저 끝까지, 얼마나 찾아다녔는지 알아!"

미안하다고 하는 데도 삼촌은 계속 투덜거렸어요.

그러자 나도 화가 났어요.

"그런데 삼촌은 잘못 없어? 화장실에서 너무 늦게 왔잖아!"

우리 목소리가 너무 높았는지 언니가 슬그머니 자리를 피했어요.

칫, 나만 잘못했나!

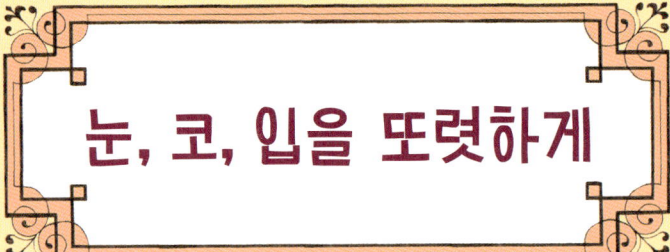
눈, 코, 입을 또렷하게

관음보살은 불교에서 자비로 중생을 구원하는 보살이야.

수월관음도

"솔기야, 우리 같이 이어폰 꽂고 들을까?"

내가 입을 삐죽거리며 눈을 흘기는데 삼촌이 내 귀에 이어폰을 꽂더니 오디오의 스위치를 눌렀어요.

🎧 일본 대덕사가 소장하고 있는 고려 시대의 수월관음도입니다. 물속에 비친 달처럼 고고한 모습으로 중생에게 자비를 베푸는 관음보살을 그린 것입니다. 그림 오른쪽에는 깨달음을 찾아 길을 나선 선재동자가 관음보살 앞에서 재를 올리고 있습니다…….

"무슨 말인지 하나도 모르겠다. 삼촌은 알겠어?"

삼촌도 마찬가지인지 그림만 뚫어지게 쳐다봤지요. 그때 뒤에서 언니의 낭랑한 목소리가 들려왔어요.

"관음보살이 지혜를 구하는 동자에게 법을 전하는 그림입니다. 수월(水月)관음도란 달 밝은 밤 물가에 앉은 관음의 모습이 마치 물 위에 비친 달처럼 보여서 붙인 거고요. 고려는 불교를 나라의 종교로 삼은 나라답게 이와 같은 불화가 많이 전해 오지요."

"아, 그렇구나." 하며 우리는 고개를 끄덕끄덕했어요.

"그런데 불화가 뭐예요?"

내가 돌아보며 묻자, 언니가 또각또각 구두 소리를 내며 다가왔어요.

"불화요? 불화는 불경의 내용을 담은 그림이지요. 고려 불화는 왕비나 신분이 높은 여자들을 함께 그려 넣어 절에 바치는 식으로 제작하는 경우가 많았어요. 고려 불화를 보면 그 당시 신분 높은 사람들이 어떤 옷을 입고 어떻게 꾸미고 다녔는지를 알 수 있습니다."

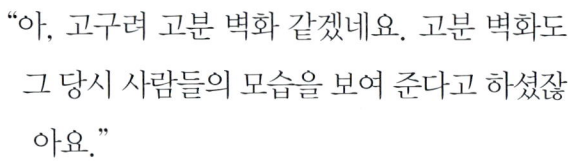

"아, 고구려 고분 벽화 같겠네요. 고분 벽화도 그 당시 사람들의 모습을 보여 준다고 하셨잖아요."

안경 너머 언니의 눈빛이 반짝였지요.

"잘 기억하네요. 저기 그림 속 공양하는 여자를 보세요. 눈에 띌 정도로 눈, 코, 입이 또렷하지요. 여기에서 고려의 화장이 짙었음을 알 수 있습니다. 얼굴에는 하얀 분을, 입술에는 붉은 연지를 바른 모습이지요. 고려 여자들은 눈썹 화장에 신경을 많이 썼어요. 그래서 눈썹 그리는 방법이 다양했습니다. 나뭇가지를 태워 그 끝으로 그리기도 했고, 숯가루를 물에 개어 나뭇가지로 찍어 그리기도 했지요. 검푸른 흙을 기름에 개어 사용하기도 했습니다. 으흠."

언니가 헛기침으로 숨 고르기를 하자 삼촌이 고개를 갸우뚱하며 물었어요.

"공양하는 여자가 화장을 짙게 했다는 것이 이상하네요. 저는 고려 여자들은 결혼식 같은 특별한 때 아니면 화장을 짙게 하지 않은 걸로 알고 있는데요."

"고려 말기엔 그랬습니다. 그러나 고려 여자들은 대체로 화장하는 걸 좋아해서 절에 갈 때도 화장을 즐겨 했습니다. 하도 화려해져서 나중에는 화장이 짙은 신도는 절에 출입할 수 없다는 법이 발표되기도 했으니까요."

삼촌은 놀란 토끼처럼 눈이 동그래졌어요.

"그런 법이 있었다고요? 고려의 화장 문화가 그 정도일 줄은 몰랐네요. 삼국 통일을 이룬 신라가 더 화려했을 거라고 생각했는데."

"물론 신라도 화려했습니다. 고려는 신라의 화장 풍습을 전승받은 데다 기녀를 제도화했기 때문에 더 화려해진 겁니다."

"기녀를 제도화했다는 게 무슨 뜻이에요?"

갑작스러운 내 질문에 언니가 당황한 듯 헛기침을 했어요.

"으흠, 기녀가 뭐 하는 사람인지는 알고요?"

"네, 잔치나 술자리에서 춤추고 노래하는 여자잖아요."

"맞아요. 음, 그러니까 기녀를 제도화했다는 말은 기녀들의 일을 직업으로 인정하여 장려했다는 겁니다. 기녀들을 교방이란 곳에 머물게 하고, 분 바르고 입술 칠하고 눈썹 그리는 화장법을 가르쳤지요. 그런데 평범한 여자들까지 이런 화장법을 따라 할 정도로 고려 여자들은 화장하는 걸 좋아했습니다."

"요즘으로 치면 연예인 화장 따라 하기와 비슷하네요. 헤헤."

"그러게요. 음, 어디까지 얘기했지? 아, 고려의 화장 문화가 발전한 데는 또 다른 이유도 있습니다. 고려는 외국과 무역을 많이 해서 진귀한 옷감이며 장신구 같은 물건이 많이 수입됐지요. 그런 물건으로 사람들이 자신을 꾸미는 데에 시간과 돈을 쓸 수 있을 만큼 생활이 여유로웠던 이유도 있습니다."

"아, 생각났다! 그때 외국 사람들이 고려를 코리아로 불렀다면서요? 고려 때 외국과 무역을 많이 해서 우리나라를 영어로 '코리아(Korea)'라고 한다고 학교에서 배웠어요."

"네, 맞아요. 그러나 고려의 화장 문화는 **원나라**가 고려를 **부마국**으로 삼고 고려의 과부와 처녀를 자기 나라에 바치라고 강요하면서 쇠퇴했어요. 여자들이 이런 공녀로 뽑히기 싫어서 일부러 자신을 꾸미지 않으려고 했으니까요."

나는 안타까운 마음에 고개를 저었어요. 젊은 여자들이 말도 통하지 않는 낯선 곳에서 마음에도 없는 남자와 살아야 했다는 것이 너무 슬펐지요. 그때 언니가 내 어깨를 툭 치며 말했어요.

"무슨 생각에 고개를 절레절레 흔드나요? 자, 다음 그림으로 가 볼까요?"

원나라: 1271년에 몽골 제국의 제5대 황제 쿠빌라이가 세운 나라.
부마국: 사위의 나라라는 뜻. 고려가 원나라의 강요로 원나라의 공주를 왕비로 맞아 그 사이에서 태어난 아들을 왕위에 오르게 한 데서 유래했다.

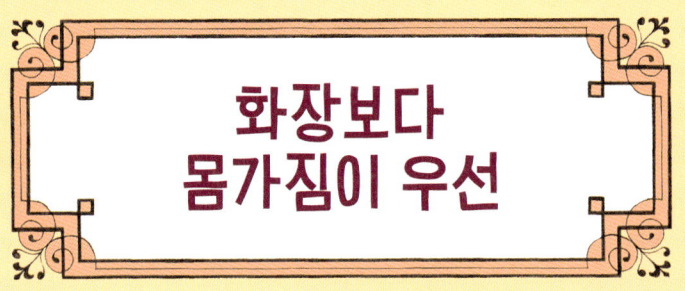

화장보다 몸가짐이 우선

이건 내가 아는 그림이야!

"어, 미인도다!"

나는 반가운 마음에 박수를 쳤어요.

"삼촌, 이거 미술 시험에 나왔다! 내가 맞았을까~요, 틀렸을까~요?"

"그렇게 묻는 걸 보니 맞았겠네."

"헤헤, 신윤복이라 써서 맞았지요."

"우리 친구는 미인도가 누구를 그린 건지 아나요?"

"미인도요? 당연히 미인을 그린 거지요."

언니가 너무 쉬운 걸 묻자 나는 살짝 기분이 상했어요.

"맞아요. 그 시대에 용모가 아름다운 여자를 그린 겁니다. 그런데 신윤복의 미인도는 조선 시대 남자들이 생각하던 미인, 기녀를 그린 겁니다. 복숭앗빛 뺨에 앵두 같은 입술, 백옥 같은 피부에 숱 많은 검은 머리, 그 머리를 떠받치기도 힘들 정도로 가냘픈 몸까지 한마디로 소문난 기녀의 모습이지요."

기녀? 기녀라는 소리에 내 입이 떡 벌어지자 언니가 빙그레 웃었어요.

"하지만 조선 시대 남자들이 바라던 아내상은 좀 달랐지요. 복스러운 얼굴에 살결은 희고 입술은 붉으며 숱이 많은 검은 머리에 체격은 풍만한 여자였어요. 그야말로 부잣집 맏며느릿감이지요. 대가족을 이끌며 살림을 도맡아 하고, 자녀를 많이 낳으려면 체격이 좋아야 했으니까요."

"맞아, 맞아!"

삼촌이 익살맞게 맞장구를 쳤어요.

"으흠, 조선의 화장 문화는 아주 소박했습니다. 사치스러운 옷과 장신구, 화장을 금지하는 법령이 여러 차례 내려진 데다 유교가 생활 구석구석 영향을 주었거든요. 중국에서 들어온 유교 사상은 조선 시대에 나라와 가정의 기틀을 세우는 데 큰 역할을 했는데, 엄격한 신분 제도와 가정과 사회의 위계질서를 강조

신윤복(1758~?): 조선 후기 풍속화가로 산수화와 새, 짐승 그림에도 뛰어났다.
〈미인도〉는 조선 여인의 아름다움을 잘 드러낸 걸작으로 꼽힌다.

했지요. 또한 여성 차별 문화를 만들어서 여성들의 사회 활동을 제한했어요. 여자들은 외출할 때면 장옷을 뒤집어써야 했답니다. 미에 대한 의식도 '신체가 정결해야 마음도 정결하다.'로 바뀌었어요. 그래서 화장은 본래의 모습을 유지하는 선에서 했으며, 화장으로 외모가 달라 보이는 걸 경멸하기까지 했어요. 그러니 예쁘게 화장할 필요가 없었던 겁니다."

언니는 잠시 쉬었다가 다시 말을 이었어요.

"또 옷차림을 중시해 옷과 모자를 바르게 입고 써야 한다고 강조했어요. 벌거벗고 목욕하는 일을 예에 벗어난 행위로 여길 정도였어요. 그러다 보니 몸 전체보다 얼굴, 손, 발 등 신체 일부분을 씻는 일이 많았어요. 그래도 청결을 중요시해서 여행 봇짐에 세숫대야를 넣어 다니는 나그네도 있었지요."

"세숫대야를요? 하하하!"

나는 세숫대야를 짊어진 양반의 모습이 떠올라 웃음이 터져 나왔어요.

"여자들은 혼례같이 특별한 때가 아니면 별로 화장을 하지 않았어요. 얼굴보다는 몸가짐을 바르게 하는 데에만 관심을 둘 뿐이었습니다."

"에이, 재미없게 그게 뭐래요?"

화장하고 음탕한 일 경계하시니 아녀자 심성은 착해야 하네.
이른 새벽 세수하고 빗질만 하지 거울 앞에 앉아서 눈썹은 왜 그리나.
〈김삼의당,《삼의당 김부인 유고》중에서〉

책 보고 내 마음 바로잡으며 거울 보고 내 모양 바로잡는다.
책과 거울 언제나 앞에 있으니 잠시도 도(道)와 떨어질 수 없을 것일세.
〈권별,《해동잡록》중에서〉

"조선 시대에 쓰인 이 시를 보면 여자들이 거울을 보는 것은 외모를 꾸미려 하는 것이고, 남자들의 경우는 의관과 내면을 살피려 하는 것이라고 하네요. 조선 시대 여자들이 얼마나 화장하기가 어려웠을지 짐작할 수 있지요."

"눈썹 하나 그리는데 정말 너무해!"

나는 내가 차별이라도 받은 것처럼 서운한 마음이 들었어요.

"그러나 조선은 임진왜란과 병자호란, 두 전쟁을 치르면서 유교 의식이 느슨해졌어요. 기녀가 입는 몸에 꼭 끼는 저고리가 양반 부녀자들에게 퍼져 나가기도 했지요. 입으면 팔에 피가 돌지 못하고 팔 한쪽만 들어도 젖가슴이 내비치는 작은 저고리였어요. 그러나 여염집 여자들은 기녀들처럼 화장하는 것을 피했습니다. 말씀드렸듯이 조선 여자들은 특별한 때가 아니면 얼굴에 색을 입히지 않았어요. 색조 화장보다 기초화장에 더 신경을 썼습니다."

"기초화장? 로션 같은 거요?"

"로션보다 훨씬 묽은 것을 발랐어요. 수세미 줄기에 상처를 내 얻은 즙을 주로 썼고, 피부를 하얗게 가꾸기 위해 오이를 썰어서 얼굴에 붙이기도 했어요."

"우아, 정말 부지런하다!"

"색조 화장품 만드는 과정은 아주 복잡한데요. 하얀 분과 빨간 연지는 각각 분꽃 씨앗과 홍화꽃 잎을 말리고 빻고 체에 거르는 과정을 수차례 반복해서 겨우 얻었지요. 색조 화장품은 방물장수를 통해 구입하기도 했어요. 방물장수는 이 집 저 집 돌아다니며 화장품과 함께 갖가지 생활용품을 팔았어요. 방물장수들은 물건도 팔았지만 담장 밖 소식을 재미있게 전하기도 해, 외출이 자유롭지 못한 조선 여자들에게 인기가 많았답니다."

나는 방물장수 얘기를 듣자 화장품 방문 판매 아줌마가 떠올랐어요. 아줌마도 우리 집에 오시면 화장품과 함께 이런저런 이야기 보따리를 풀어 놓지요.

서양 화장이 들어오다

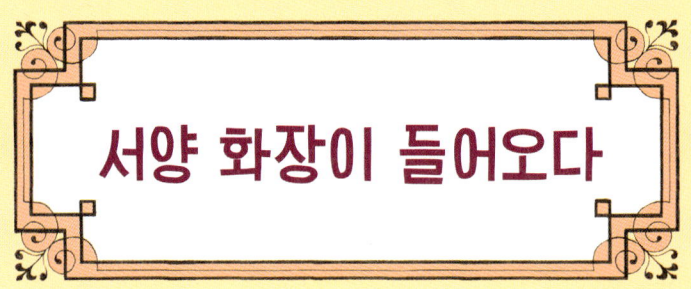

"19세기 말, 조선은 서양의 문물을 받아들이기 시작했습니다. 근대화의 움직임에 맞춰 여기저기서 신분 제도를 없애고 세금 제도를 고치라는 소리가 들려왔지요. 이런 개혁의 소리는 사회 곳곳으로 번져 갔고, 청나라와 일본은 조선에 들어와 자기들끼리 전쟁을 벌였습니다."

나는 동그란 눈을 더 크게 뜨고 물었어요.

"왜 남의 나라에 와서 전쟁을 해요?"

"갑오농민전쟁으로 동학 농민군의 기세가 거세지자 조선의 조정이 청나라에 구원병을 요청했는데 이를 빌미로 일본군까지 들어온 겁니다. 전쟁에서 승리한 일본은 조선의 '내정 개혁'을 주장하며 정치, 경제, 사회, 문화 전반에 걸쳐 새로운 제도와 문물을 강요했어요. 그 가운데 '단발령'이 있는데, 머리카락을 자르라는 내용이에요."

"머리카락을 잘라요? 왜요?"

"머리가 길면 비위생적이고 일의 능률이 안 오른다는 겁니다. 대부분의 사람이 단발령에 반발했어요. '머리카락은 부모가 주신 건데 어떻게 감히 자를 수 있냐'고 했지요. 결국엔 관리들이 직접 칼과 가위를 들고 강제로 남자들의 상투와 댕기머리를 자르고 다녔어요."

"어떻게 그런 일이……. 너무해요. 그런데 개혁 하니까 블루머가 여자들도 바지를 입자고 외친 게 생각나요. 그것도 개혁인데 느낌이 달라요."

"블루머는 자발적으로 외친 개혁이고 단발령은 개혁이라는 이름 아래 우리 민족의 정서를 무시한 채 강행한 일이니까요. 아무튼 단발령은 남자들뿐만 아니라 여자들에게까지 이어졌어요. 그러면서 짧은 머리에 양복을 입은 신식 사람들이 속속 등장했습니다. 자, 저쪽으로 가 볼까요?"

상자에 인쇄한 라벨을 붙인 박가분.

언니는 우리를 이끌고 전시장 가운데로 갔어요.

"1922년, 정부에서 허가받은 한국 최초의 화장품, 박가분입니다. 재래식 분은 종이에 싸여 판매되었는데, 박가분은 성냥갑만 한 상자에 담겨, 그것도 신문 광고라는 획기적인 방법을 통해 판매되었어요. 이렇게 사람들의 시선을 한 번에 끌어모으니 하루에 만 갑이 넘게 팔리기도 했다지요."

"우아, 누군지 모르지만 엄청 부자 됐겠다!"

나는 만 갑이란 말에 입이 쩍 벌어졌어요.

"박승직이라는 사람이 만들었어요. '박씨 가문의 분'이라고 해서 박가분이랍니다."

"그럼 김씨가 만들었다면 김가분이었겠네요?"

"그렇겠지요? 박가분이 인기를 얻자 이어서 서씨가 만든 서가분, 장씨가 만든 장가분이 나왔으니까요."

"어, 그냥 해 본 말인데. 헤헤."

나는 부끄러워서 나도 모르게 혀가 날름 나왔어요.

"당시 우리나라에 쏟아져 들어온 분, 크림, 향수, 비누 같은 외국의 미용 상품은 포장이 예뻤고 사용법이 간편했습니다. 이런 외국 상품과 견주어 볼 때 박가분은 포장에서나 사용법에서 손색이 없었어요. 분을 필요한 만큼만 상자에서 꺼내어 물에 개어 사용하면 됐지요. 그러나 나중에 '피부가 썩어 드는 분'이라는 고소에 휘말리면서 판매가 금지되고 말았습니다."

"납이 들었나?"

나는 아무 생각 없이 말을 내뱉었어요.

"맞아요. 납이 들어 있었지요."

얼떨결에 맞힌 말에 또다시 혀가 날름 나왔어요. 그때 삼촌이 손가락으로 신문을 가리켰어요.

"솔기야, 저 박가분 광고 읽어 봐."

"어디? 아, 여기? '조선 사람은 조선 것을 아모조록 만니 씁시다.' 헤헤, 재밌다!"

"대중매체의 발달로 새로운 화장품을 소개하는 광고가 신문이나 잡지에 실리게 됐습니다. 광고의 모델은 신여성이 많았지요."

1920년대 신문에 실린 박가분 광고.

"신여성? 신여성이 누군데?"

"서양식 신식 교육을 받은 여자야."

삼촌의 대답이 만족스럽지 못한지 언니가 또다시 헛기침을 하며 말했어요.

"으흠, 신여성은 서양식 신식 교육을 받았거나 서구 문화를 받아들인 여자를 가리키는 말입니다. 전통적인 여성상과는 다른 새로운 가치관을 가진 사람이지요. 신여성은 남성 위주의 가부장적인 가족 제도를 벗어나 근대적 학교 교육을 받고 이를 토대로 사회 활동을 했어요. 또한 자유와 여성 해방의 상징으로 옷차림에 변화를 추구했지요. 한복을 개량해서 입거나 서양 여자들이 입는 양장을 했어요. 신식 화장을 한 신여성도 있었어요. 신식 화장은 서양 사람처럼 얼굴의 윤곽을 뚜렷하게 하는 화장인데 평이 썩 좋지는 않았어요. 사람들 마음에 '화장을 하면 팔자가 세다.'는 식의 유교 사상이 여전히 자리 잡고 있었기 때문이지요. 물론 이때도 어른들 몰래 신식 화장을 하는 젊은이들이 있었어요."

언니는 삼촌의 화장한 얼굴을 힐끔 쳐다보고는, 살짝 미소를 지었어요.

"어느 시대나 그런 사람은…… 있지요?"

클로즈업

'못된 걸'이라뇨?
우리는 '모던 걸', 바로 신여성이랍니다

신여성은 서양의 문화를 받아들인 현대적인 여성을 말해요. 어떤 사람은 우리의 튀는 모습과 자유분방한 행동이 마음에 안 들어 "무슨 모던(modern) 걸? 그냥 못된 걸이지!" 하기도 하지요. 섭섭하지만 어쩌겠어요?

신여성은 단발을 했기에 머리카락을 자른다는 뜻인 '모단(毛斷) 걸'로도 불렸어요.

걸작인 삶을 살고 싶어요!

나혜석(1896~1948년), 화가이자 작가

"이 땅, 조선에서 '나'는 존재하지 않아요. 누구의 딸, 아내, 어머니만 있을 뿐이지요. 훌륭한 여성은 현모양처가 아니라 자신의 개성을 발휘하며 사는 실력 있는 사람이라고 생각해요. 자기 삶의 주인이 되어 사는 여성이지요.
저는 화가와 문학가로서 살기 위해 노력하며 그렇게 살아가는 저의 삶을 사랑합니다."

자유연애가 죄인가요?

윤심덕(1897~1926년), 성악가이자 배우

"부모님은 어려운 형편에서도 우리 형제들에게 신식 교육을 시키셨어요. 저는 성악 공부를 하러 일본에 유학 가 그곳에서 사랑하는 이를 만났어요. 그런데…… 행복하지 않아요. 그 사람에겐 이미 아내와 자녀가 있지요. 그 남자도 집안이 정해 준, 사랑 없는 결혼 생활에 괴로워해요. 정녕 이 땅에선 자유로운 연애를 할 수 없나요?"

*양산
어머, 새로 나온 얼굴 가리개냐고요? 지금이 어느 시대인데 여자들이 얼굴을 가려요? 해가 진 캄캄한 거리에서도 양산을 드는 거 모르세요? 이제 양산은 신여성의 필수 아이템이에요. 몇 해 전만 해도 검은색이 유행이었다는데 요즘은 이처럼 밝은색이 인기랍니다.

*머리
저는 '신여성' 하면 단발이라고 생각해요. 단발은 여자들의 활발한 이미지를 표현해 주어 좋고, 다루기 편하고 위생적이지요. 머리 치장에 돈 들일 일도 적고요. 간혹 부모한테 받은 머리카락을 어떻게 그리 싹둑 자를 수 있냐는 사람이 있어요. 그런 사람에겐 '남자도 단발하는 시대에 여자라서 못 할 건 없지요.'라고 말해 주고 싶어요.

*화장
희고 깨끗한 피부를 표현하는 데 '분'만 한 것이 없지요. 저는 박가분을 사용해요. 박가분은 잘 펴 발리면서 수입 분보다 값이 훨씬 싸서 좋아요. 기초화장으로는 연부액을 발라요. 신문 광고에는 꾸준히 바르면 피부가 부드러워진다고 나와 있던데…… 아직 모르겠네요.

*양장
양장의 매력은 편하고 활동성이 높다는 거지요. 또 몇 가지 소품만으로도 쉽게 멋을 낼 수 있고요. 그러다 보니 양장을 한 신여성들이 나라의 어려움은 등한시하고 몸치장에만 관심 쏟는다고도 해요. 하지만 신여성들도 나라의 어려움에 마음 아파하고 고민한다는 걸 알아주었으면 하네요.

*개량 한복
개량 한복의 저고리는 길이가 길고 품이 넉넉해서 활동하기에 좋아요. 고름도 길고 넓어 팔을 힘 있게 뻗어도 잘 풀어지지 않아요. 아래 옷은 통치마라고 해요. 길고 뒤가 트인 데다 줄줄 흘러 내리는 전통 치마의 결점을 보완해서 만들었지요. 치마에 조끼를 달고 뒤트임을 막아 우리같이 활동적인 신여성에게 참 좋아요.

*신발
치마가 짧아지니 신발에 신경을 안 쓸 수 없어요. 그래서 이번에 굽 높은 구두 하나 장만했습니다. 쌀 두 가마 값이더라고요. 지나치다고요? 그에 관해선 입이 열 개라도 할 말이…….

풍만한 모습이 아름다워

"찬란한 문화만큼이나 찬란한 화장 문화를 자랑하는 나라, 중국입니다. 이 그림은 당나라 귀족 여인을 그린 겁니다."

"무지 복스럽게 생겼다, 크큭!"

"양 귀비도 이런 모습일걸?"

"양 귀비?"

내 눈이 휘둥그레졌어요. 양 귀비라면 중국 최고의 미인으로 알고 있는데 도통 믿기지 않았지요. 이런 반응이 재밌는지 삼촌이 싱글벙글 웃으며 말했어요.

"너, 양 귀비는 호리호리 날씬할 거라고 생각했지? 양 귀비, 통통했어. 춤이면 춤, 노래면 노래, 못하는 게 없었지. 사람을 호릴 만큼 매력이 넘쳤대."

"양 귀비는 당나라 현종의 부인으로 자태가 아주 아름다웠습니다. 원래 현종의 열여덟 번째 아들, 수왕의 아내였는데 현종이 사랑하던 무혜비가 죽고 실의에 빠져 있을 때에 현종의 눈에 띄어 일약 며느리에서 아내가 되었지요."

"어머, 그런 게 어디 있어요?"

"그 정도로 예뻤다는 거겠지요? 당나라 때는 관능미 넘치는 풍만한 여자와 어깨 넓은 남자가 인기였어요. 여자들은 하나같이 여덟 폭, 열 폭에 달하는 폭이 넓은 치마를 입어 몸을 풍성해 보이게 했지요. 그것도 모자라 치마허리를 겨드랑이 밑까지 바짝 올려서 허리선을 감췄습니다."

나는 삼촌의 옷소매를 당겼어요.

"허리선을 왜 감춰?"

"치마를 위로 쭉 올려 입으면 폭이 넓은 치마 때문에 몸이 풍만해 보였지."

얼른 이해가 되지 않아 고개를 갸우뚱하자 언니가 미소 띤 얼굴로 말했어요.

"마른 모습보단 살찐 모습이 부유해 보이니까요. 삶이 풍요로웠기 때문에 그런 모습을 아름답게 여겼답니다."

당나라: 수나라의 뒤를 이은 왕조로 618년에 건국하여 907년에 멸망하기까지 20명의 황제가 통치했다.

그때 삼촌이 아는 척을 하며 끼어들었어요.

"풍요롭기도 했지만 그 당시 불교가 널리 퍼진 이유도 큽니다. 부처님처럼 후덕한 모습이 인기였지요."

언니는 안경을 고쳐 쓰며 헛기침을 했어요.

"으흠, 그런 이유도 있었군요. 아무튼 당나라는 여러모로 풍요로웠습니다. 중앙아시아와 서아시아, 인도와 교류를 하고 그들의 문화를 받아들여 당나라만의 독특한 문화를 만들어 갔어요. 화장만 봐도 분 바르고 볼과 입술에 연지를 찍는 것은 기본이었고, 여기에 이마에는 꽃 모양을, 입가에는 보조개를, 관자놀이에는 초승달을 그렸지요. 눈썹도 아주 다양하게 그렸어요. 왕이 눈썹 모양을 만들어 오라고 명령을 내렸을 정도니 그 모양이 얼마나 다양했겠어요?"

"그림 속 여자의 뭉뚝한 눈썹도 그렇게 나온 거예요?"

"네, 그렇습니다. 당나라 때는 다른 화장은 안 해도 눈썹 화장은 꼭 할 정도로 눈썹 화장을 아주 중요하게 생각했어요."

눈썹 얘기가 나오니 우리의 시선은 또다시 언니의 눈썹으로 갔어요. 그러자 언니의 뺨이 그림 속 여자처럼 빨개졌지요.

"으흠, 당나라 여자들의 화장법을 보겠습니다."

우리는 언니가 가리킨 벽 쪽으로 다가갔습니다.

1단계. 분을 발라 얼굴을 희게 한다.
2단계. 연지로 뺨을 붉게 한다.

3단계. 본래 자신의 눈썹을 깨끗이 면도하고 시커멓게 태운 나무로 눈썹을 그린다.

4단계. 이마에 꽃을 그려 넣는다.

5단계. 입가에 연지로 점을 찍는다.

6단계. 관자놀이에 연지로 초승달 모양의 장식을 그려 넣는다.

7단계. 연지로 입술을 도톰하게 그린다.

"우아, 대단하다!"

그 옛날에 이런 화장법이 있었다는 게 놀라웠어요. 삼촌도 이런 건 몰랐는지 혀를 내둘렀지요.

"5단계는 입가에 점을 찍어 보조개를 만드는 화장입니다. 항상 미소 짓는 얼굴로 만들어 주겠지요?"

"화장 기술이 정말 뛰어나네요."

삼촌이 감탄한 목소리로 말했어요.

"6단계, 관자놀이에 하는 화장은 더욱 독특합니다. 초승달 모양이긴 하지만 사실 저 화장은 핏자국을 그린 거지요."

"핏자국이라고요?"

나는 깜짝 놀라 나도 모르게 손이 관자놀이로 올라갔어요.

"이 화장은 궁녀가 왕에게 다가가다가 병풍에 머리를 부딪혀 피를 흘린 데서 시작됐어요. 왕이 그 궁녀를 가엽게 여기며 가까이하자 다른 궁녀들이 너도나도 관자놀이에 핏자국을 그린 거지요."

"관심받고 싶고, 예뻐지고 싶은 마음이 정말 대단해요."

내 말이 끝나자 언니는 우리에게 앞서가라는 듯 팔을 뻗었어요.

단아함에서 찾은 아름다움

〈비자욕아도〉는 송나라 때 아이를 목욕시키는 장면을 그린 그림입니다.

송나라요?

"**송나라**는 당나라 못지않게 문화적으로 풍요로움을 누린 나라예요. 그림을 보면 송나라와 당나라 여자의 분위기가 참 다르다는 걸 느낄 수 있지요?"

나는 방금 본 당나라 귀족 여자의 모습을 떠올리며 고개를 끄덕였어요.

"송나라 여자들은 참 부드러울 것 같아. 말도 조용조용하게 할 것 같고. 당나라, 송나라 모두 같은 중국 사람인데 왜 이렇게 달라, 삼촌?"

"음, 그건 아무래도 나라가 다르니까 정책이나 제도, 사상이 달랐을 테고, 사람들이 생각하는 아름다움에 대한 기준도 달랐을 테지."

삼촌은 이 정도쯤이야 하는 표정을 짓고는 재빨리 귓속말을 했지요.

"삼촌은 서양 쪽 전문이니까 그냥 도슨트한테 물어봐."

느닷없이 삼촌이 귓속말을 하자 언니는 무안한 듯 헛기침을 했어요.

"으흠, 으흠, 송나라 때는 옛것으로 돌아가자는 바람이 불었어요. 사람들은 인간의 꾸밈없는 모습으로 돌아가자고 했지요. 당나라 때처럼 화려하고 사치스러운 모습이 아닌 단순하고 간결한 모습을 찾으려 했어요."

"아까 들었는데…… 마치 서양의 그 운동 같아요. 르…… 르네상스?"

"네, 맞아요! 흔히 송나라 문화를 서양의 르네상스와 비교하지요. 옛것으로 돌아가자는 정신 때문이에요. 르네상스가 고대 그리스와 로마의 문화를 재발견하자고 한 데 비해 송나라는 옛 성현들의 정신을 다시 올바르게 알자고 했어요. 그러면서 유교를 새롭게 다듬고 발전시켜 나라의 중심 사상으로 삼았습니다."

언니는 또다시 헛기침을 하며 목을 가다듬었어요.

"으흠, 유교는 예의범절과 질서를 강조했어요. 남편과 아내 사이를 종속 관계로 두고 예의와 질서를 엄격히 지켜야 한다고 했지요. 그러면서 화장도 단아하고 간결하게 바뀌었어요. 예를 들어 눈썹을 가늘게 그리고 입술을 작게 그려서 여자를 아주 다소곳해 보이게 하는 식으로요."

송나라: 당나라가 멸망한 뒤 여러 나라로 나뉜 중국을 960년에 다시 통일한 나라.

언니는 그림 속 여자를 가리켰어요.

"송나라 화장은 당나라 때와 달리 과장되지 않았어요. 얼굴 전체가 화사하게 보이도록 하얀 분과 빨간 연지를 섞어 발랐지요. 그리고 이마, 코, 턱 부분에 흰색을 덧칠했습니다."

그때 삼촌이 손가락으로 딱 소리를 내며 말했어요.

"완전 요즘 화장법이네. 이마, 코, 턱에 입체감을 주는 거네."

"그래요. 그만큼 송나라 화장법이 세련됐다는 뜻이지요."

나도 한마디 거들었어요.

"화장이 조선 시대와 비슷해요."

"둘 다 유교 사회였으니 그렇게 보이겠지요. 음, 문제 하나 내겠습니다. 당나라 때 볼 수 없었던 송나라 여자의 독특함은 뭘까요?"

이번에는 삼촌도 허리를 굽혀서 의욕적으로 그림을 살폈어요.

"아하, 알았다!"

알았다고? 뭐지? 난 모르겠는데, 삼촌이 알았다니 마음이 조급해졌어요.

"전족! 발을 꽁꽁 묶어서 작게 만든 거야."

삼촌이 자신 있게 말했어요.

"네, 맞아요. 치마 밑의 발이 보이나요?"

"치마 밑? 이게 발이라고요?"

나는 깜짝 놀랐어요. 내 눈에는 뾰족한 말발굽같이 보였기 때문이지요.

"송나라 때는 딸이 태어나 5, 6세가 되면 발이 더 이상 자라지 못하게 발을 묶었어요. 그래서 다 자라도 10센티미터를 넘지 못했습니다."

"어머나, 얼마나 아팠을까……. 저때는 저런 모습이 아름다웠다는 거예요?"

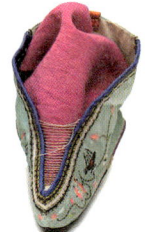

송나라 때의 전족 신발.

"사람들이 여자들의 아름다움을 작은 것에 두었기 때문이에요. 미인이라면 손도 작고, 발도 작고, 입도 작아야 했어요."

나는 의아한 마음에 삼촌을 쳐다봤어요.

"삼촌, 저때 여자들은 발을 묶는 게 이상하다고 생각하지 않았을까?"

"남들이 다 그렇게 하는데 어쩌겠어? 풍습이려니 했겠지."

"그게 무슨 말이야? 남들이 다 하면 나쁜 걸 알면서도 따라야 한다는 거야?"

삼촌의 무책임한 말에 나는 발끈 화가 났어요. 언니도 야무지게 말했지요.

"그래요. 악습이라면 따르지 말아야지요. 잘못된 아름다움의 기준에 맞춰 자신의 몸과 마음을 망가뜨리는 풍습은 옳지 않아요. 오늘날도 그래요. 사람들은 미인이라면 날씬한 몸에 얼굴은 갸름하고 눈은 쌍꺼풀이며 코는 오뚝해야 한다는 기준을 정해 놓지요. 여기에 맞춰 자신의 몸을 변형시키기도 해요. 이런 유행 현상 또한 이 시대의 나쁜 풍습이라고 생각합니다."

"그래도 예쁜 건 좋잖아. 그렇지, 솔기야?"

"삼촌, 그게 무슨 말이야? 그럼 쌍꺼풀 없는 사람은 다 못생겼어?"

내 말이 끝나기가 무섭게 언니가 안경을 고쳐 쓰며 덧붙였어요.

"그래요. 남들이 정해 놓은 아름다움의 기준을 애써 좇을 필요는 없을 거예요. 그런 기준에 맞추다 보면 세상 사람들이 다 비슷해질걸요. 그러면 무슨 재미가 있겠어요?"

삼촌은 무안한 듯 머리를 긁적였어요. 그리고 중얼중얼 혼잣말을 했지요.

"어휴, 왜 이렇게 정색을 하고…… 난 별생각 없이 말한 건데……."

언니는 "으흠!" 헛기침을 한 번 하고 또각또각 구두 소리를 내며 걸어갔어요. 나는 삼촌에게 혀를 날름 해 보이고는 언니를 뒤따랐지요.

소극적인 모습이 아름다워

청나라의 여인

청나라 여인들은 굽이 높은 신발을 신었어.

"으흠, 그림을 보시기 전에 송나라 이후 중국의 역사를 간단히 말씀드리겠습니다. 송나라는 몽골 족이 세운 원나라에, 원나라는 한족이 세운 명나라에 각각 무너졌어요. 명나라는 만주족이 세운 후금에 멸망했지요. 나중에 후금은 나라 이름을 청(1636~1912년)으로 바꿨습니다."

"몽골 족, 한족, 만주족……. 아휴, 복잡해라. 무슨 민족이 이렇게 많아요?"

언니는 바로 그거야 하는 표정을 지었어요.

"오늘날 중국에 사는 민족 수가 56개인데, 고작 세 개가 뭐가 복잡해요?"

"56개요?"

나는 입이 쩍 벌어졌어요.

"56개라고 하더라도 대부분은 한족이에요. 나머지 55개 민족이 중국 여기저기에 흩어져 살고 있고요. 지금은 만주족이 소수 민족에 불과하지만 옛날에는 나라를 세울 만큼 큰 힘을 가진 민족이었습니다."

나는 만주족 얘기가 궁금해서 언니 말에 귀를 기울였어요.

"만주족은 청나라를 세운 이후 한족의 민족의식을 말살하려고 애를 썼어요. 그 가운데 하나가 남자들에게 만주족의 전통에 따라 앞머리를 모두 밀고 뒷머리를 땋아 늘어뜨리게 한 **변발**이지요. 이런 머리 모양이 싫어서 아예 머리를 깎고 승려가 되는 사람들도 있었습니다."

그때 삼촌이 검지를 조심스럽게 올렸어요.

"저기, 또 있는데요. 한족의 옷 대신 만주족의 옷을 입게 한 것도 있어요. 만주족은 유목민이었기 때문에 옷이 말타기에 편리하게 옆트임이 있지요. 또 말을 탈 때 옷에 바람이 들어가지 않게 깃이 올라갔고 옷깃이 풀어지지 않게 띠 대신 단추로 여미게 돼 있어요."

"으흠, 그렇군요. 아무튼 초기에는 만주족이 한족을 강경하게 대했습니다. 하

변발: 머리의 앞부분만 깎고 뒷부분은 길게 땋아 늘인 머리 모양으로 몽골 인이나 만주인의 풍습이다.

지만 소수의 만주족이 다수의 한족을 다스린다는 건 쉽지 않았어요. 청나라는 한족의 전통문화를 존중한다며 새로운 정책을 폈지요. 바로 유교 정신을 더욱 강화한 겁니다. 그 결과 여성의 지위는 더욱 떨어지게 됐어요."

"아까 발 묶는 풍습은 어떻게 됐어요?"

"전족 말이에요? 그 풍습은 청나라 건국 초기에 한족의 전통이라는 이유로 금지했어요. 하지만 한족들 사이에서는 쉽게 사라지지 않았지요. 악습이라는 걸 알면서도 20세기 초까지 이어졌어요. 그런데 만주족 여자들에게도 전족 못지않은 독특한 풍습이 있었습니다. 앞뒤 굽이 높은 신발을 신는 거지요. 높은 것은 굽이 15센티미터가 넘었어요."

"15센티미터요?"

나는 15센티미터면 어느 정도 높이일지 두 손으로 가늠해 보았어요.

만주족 여자들이 신던 신발로 화분혜라고 한다.

"그림을 보면 여자들의 옷단이 바닥에서 붕 떠 있지요? 굽이 그만큼 높았다는 겁니다. 그런 신발을 신고는 뛰어도 종종걸음이었어요. 청나라도 송나라 못지않게 소극적인 여성상을 바란 겁니다. 바람에 견디기도 힘들 정도로 약한 여자를 이상적인 여성으로 여겼지요."

"저처럼 튼튼한 사람은 인기 없었겠어요."

"오늘날엔 건강미 넘치는 사람이 최고지. 솔기, 넌 시대를 잘 타고난 거야."

"칭찬인가?"

내가 고개를 갸웃거리자 언니가 그림 아래에 있는 설명 글을 가리켰어요.

"중국의 '육기(1613~?)'라는 사람이 딸을 시집보내며 쓴 글의 일부입니다. 아내의 도리를 적은 교훈 같은 글이지요. 읽어 드릴게요."

남편은 하늘이니 아내는 일생 동안 남편을 공경하며 살아야 한다. 남편을 보면 반드시 멀리 떨어져 서 있어야 한다. 만약 편안한 자세로 앉아 있다면 이는 교만하고 무례한 행위이다. 음식을 건네고 차를 올릴 때는 항상 두 손으로 공손히 받들어야 하며 남편이 춥다고 느끼기 전에 옷을 올리고, 배고프다고 느끼기 전에 음식을 올려야 한다.

"우리 집하고 완전히 다르다. 크큭!"

우리 집은 아빠가 요리도 하고 커피도 타지요. 외출할 때면 엄마의 겉옷까지 챙겨 오실 정도로 아빠는 엄마를 위해 사는 것 같아요.

"요즘하고 다르지요. 청나라 때 여자는 남자를 위해서만 살았다고나 할까요? 유교가 생활 전반에 영향을 끼쳐 여자들의 삶은 남자들의 삶에 종속됐고 강력히 규제받았어요."

언니는 안경 너머로 눈을 찡끗하고는 다시 말을 이었어요.

"이런 환경 가운데 가녀리고 소극적인 여성상을 드러내기 위해 창백할 정도로 하얀 분 화장이 유행했어요. 눈썹은 가늘고 길게 그리고 입이 크면 말이 많고 기가 세다고 해서 입은 되도록 작아 보이게 했고요. 하트처럼 윗입술은 얇고 아랫입술은 아주 작게 그렸지요."

언니 얘기를 듣는 동안 나는 벌어진 입을 꼭 다물었어요. 그런 내 모습이 웃겼는지 언니 입꼬리가 살짝 올라갔어요.

"그렇다고 모든 청나라 여자들이 소극적이기만 했겠어요? 반세기 동안 청나라를 손안에 움켜쥐었던 아주 적극적인 여자도 있었어요. 보실까요?"

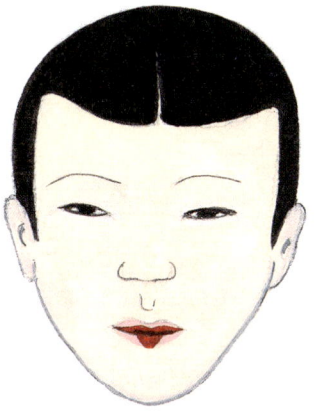

인터뷰

청나라 최고 통치자, 서 태후를 만나다

서태후(1835~1908년)

우아, 무섭게 생겼다.

그녀를 '권력욕에 불탄 악녀'라고만 할 수 있을까요? 지나친 야망에 모순된 행동을 많이 해서 그렇지, 그녀는 탁월한 인물임이 틀림없어요. 서 태후는 청나라 함풍제의 아내이며 동치제의 엄마예요. 동치제가 즉위한 뒤부터 반세기 동안 통치권을 쥐고 나라를 다스렸지요.

Q : 안녕하세요, 태후님. 만나 뵈어 영광입니다. '천하를 호령하는 여걸'로만 알았는데, 직접 뵈니 여성스러우시네요. 곱고 아름다우십니다.
A : 내 안의 여성스러움을 발견해 주시니 감사합니다. 소문에는 내가 남편과 자식을 잡고 뒤흔든 독한 여자라고 하던데, 나 그런 여자 아닙니다! 하하하!

Q : 아니, 누가 감히 그런 말을! 여성스럽지 않다면 어찌 황제님의 눈에 띄었겠어요? 아름다우실 뿐만 아니라 목소리도 고우세요. 노래도 잘하시겠어요.
A : 그렇다고 할 수 있지요. 노래 덕분에 황제를 만났으니까요. 하하. 그분을 처음 만난 건 열여섯 살, 궁녀로 살 때지요. 혼자 노래를 부르며 외로움을 달래는데 황제께서 그 근처를 지나셨어요. 내 노래에 반해 나를 찾으셨고, 이후 내 아름다운 자태에 취하셨습니다.

Q : 지금도 고우신데 10대 때면 얼마나 아름다우셨겠어요. 그 아름다움을 지금까지 유지하는 비결은 뭔가요?

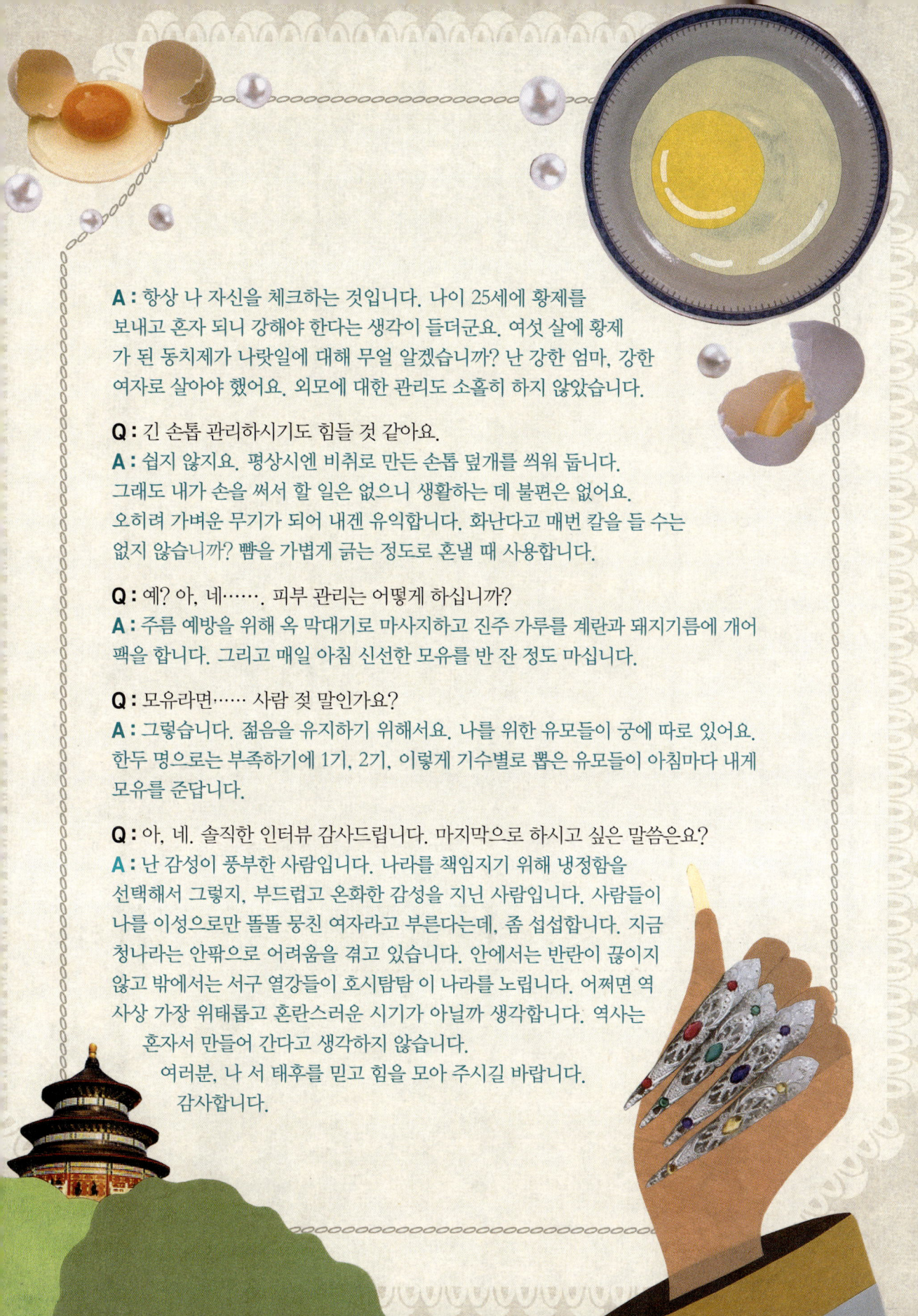

A : 항상 나 자신을 체크하는 것입니다. 나이 25세에 황제를 보내고 혼자 되니 강해야 한다는 생각이 들더군요. 여섯 살에 황제가 된 동치제가 나랏일에 대해 무얼 알겠습니까? 난 강한 엄마, 강한 여자로 살아야 했어요. 외모에 대한 관리도 소홀히 하지 않았습니다.

Q : 긴 손톱 관리하시기도 힘들 것 같아요.
A : 쉽지 않지요. 평상시엔 비취로 만든 손톱 덮개를 씌워 둡니다. 그래도 내가 손을 써서 할 일은 없으니 생활하는 데 불편은 없어요. 오히려 가벼운 무기가 되어 내겐 유익합니다. 화난다고 매번 칼을 들 수는 없지 않습니까? 뺨을 가볍게 긁는 정도로 혼낼 때 사용합니다.

Q : 예? 아, 네……. 피부 관리는 어떻게 하십니까?
A : 주름 예방을 위해 옥 막대기로 마사지하고 진주 가루를 계란과 돼지기름에 개어 팩을 합니다. 그리고 매일 아침 신선한 모유를 반 잔 정도 마십니다.

Q : 모유라면…… 사람 젖 말인가요?
A : 그렇습니다. 젊음을 유지하기 위해서요. 나를 위한 유모들이 궁에 따로 있어요. 한두 명으로는 부족하기에 1기, 2기, 이렇게 기수별로 뽑은 유모들이 아침마다 내게 모유를 준답니다.

Q : 아, 네. 솔직한 인터뷰 감사드립니다. 마지막으로 하시고 싶은 말씀은요?
A : 난 감성이 풍부한 사람입니다. 나라를 책임지기 위해 냉정함을 선택해서 그렇지, 부드럽고 온화한 감성을 지닌 사람입니다. 사람들이 나를 이성으로만 똘똘 뭉친 여자라고 부른다는데, 좀 섭섭합니다. 지금 청나라는 안팎으로 어려움을 겪고 있습니다. 안에서는 반란이 끊이지 않고 밖에서는 서구 열강들이 호시탐탐 이 나라를 노립니다. 어쩌면 역사상 가장 위태롭고 혼란스러운 시기가 아닐까 생각합니다. 역사는 혼자서 만들어 간다고 생각하지 않습니다. 여러분, 나 서 태후를 믿고 힘을 모아 주시길 바랍니다. 감사합니다.

감춤에 아름다움이 있다

옷도 겹겹이 입고 머리도 풀어 헤치고, 덥겠다!

무라사키 시키부는 일본 헤이안 시대에 《겐지 이야기》를 쓴 사람이야.

"어, 이 그림, 우리 집에 있는 건데. 아빠가 일본에서 사 오신 거!"
나는 낯익은 그림이 반가웠어요.
"정말. 매형이 교토 출장 길에 사 오신 거네. 너, 이게 무슨 그림인지 알아?"
"모르겠는데."
삼촌은 '그럼, 그렇지.' 하는 표정으로 입가를 씰룩였어요.
"이 그림은 일본 최초의 고전 소설인 《겐지 이야기》의 작가를 그린 거야."
"최초? 얼마나 오래됐는데?"
"《겐지 이야기》는 지금으로부터 1,000년은 거슬러 올라간 일본 헤이안 시대(794~1185년)의 작품이야."
그때 언니가 어색하게 웃음을 지으며 말했어요.
"저, 미안한데 잠깐 자리 좀 비우겠습니다."
도슨트 언니의 말이 떨어지기 무섭게 삼촌이 얼른 말했어요.
"괜찮으니 천천히 일 보세요. 자, 이제 삼촌이 다 설명해 줄게. 어디까지 이야기했지? 아, 헤이안 시대 전까지 일본은 중국과 우리나라로부터 불교와 한자, 건축 등 여러 가지 문화를 전해 받으며 성장했어. 수도를 지금의 교토인 헤이안쿄로 옮긴 이후에는 외부 문화를 그만 받고 일본 고유의 문화를 발전시키자고 했지. 그 결과 오늘날 일본 문화의 뿌리를 이룬 헤이안 문화가 탄생했어."
"헤이안 문화? 그게 어떤 건데?"
"화려하고 세련된 귀족 취향의 문화야. 귀족들이 자신들의 세력을 확고히 다지기 위해 만든 문화거든. 화려하게 장식된 궁궐과 저택에서 값비싼 옷을 입고 여유롭게 꽃구경하고, 시 짓고, 글 쓰는, 그런 삶이야."
"우아, 그 시대 사람들은 정말 행복했겠어!"
"행복하긴! 일부 귀족만을 위한 거였는데. 백성들은 화려한 옷을

헤이안 시대 왕궁을 본떠 만든 헤이안 신궁.

입을 경제적 여유도, 꽃구경하고 시 짓고 글 쓸 만한 시간적 여유도 없었다고!"
삼촌은 목소리를 높였어요. 그리고 이어폰의 한쪽을 내게 건넸지요.

🎧 《겐지 이야기》는 궁녀인 무라사키 시키부가 한 왕자의 삶을 토대로 만들어 낸 일본 최고의 고전 소설입니다. 왕과 귀족들의 사랑과 인간관계를 풍부한 상상력과 아름다운 문체로 그렸지요. 이 그림은 에도 시대의 화가인 도사 미쓰오키가 그린 그림으로, 무라사키 시키부가 입은 주니히토에서 당나라풍 문화와 헤이안 시대 화려한 귀족 문화를 엿볼 수 있습니다…….

"헤이안 시대에는 외부 문화를 받지 않았다면서, 웬 당나라풍이야?"
"헤이안 시대 초반까지는 당나라 문화를 열심히 받아들였어. 중반부터 외부 문화를 차단하고 자기 고유의 문화를 발전시켰지."
"그렇구나. 참, 오디오에서 '주 무슨 또'라고 하던데 그게 뭐야?"
나는 정확히 기억이 나지 않아 고개를 갸우뚱했어요.
"'주니히토에'라고 귀족 여자들이 입던 옷이야. 색색이 12장의 옷을 겹쳐 입는 건데 지위에 따라 색깔과 가짓수가 달랐지. 저 옷이야."
삼촌은 그림 속 여자가 입은 옷을 가리켰어요.
"주니히토에는 중국의 옷을 받아들여 일본식으로 새롭게 만든 옷이야. 옷에서 당나라풍 문화와 헤이안 귀족 문화가 엿보이지."
"아하, 그런데 옷도 불편할 텐데 머리는 왜 저리 늘어뜨렸어?"
두루마기 12장을 껴입고 머리를 풀어 헤치면 기분이 어떨까요? 나는 상상만 해도 답답하고 땀이 삐질삐질 날 것만 같았어요.

"감추는 문화 때문이지. 머리를 묶으면 얼굴이 확 드러나잖아?"
내가 이해 못 하겠다는 표정을 짓자 삼촌이 다시 이어폰을 내 귀에 꽂았어요.

🎧 헤이안 여자들은 창백하리만큼 흰 얼굴을 좋아했어요. 웃을 때면 흰 가루가 뚝뚝 떨어질 정도로 하얀 분을 두껍게 발랐습니다. 머리를 묶거나 귀 뒤로 넘기는 것은 예에 어긋났기에 머리카락을 그대로 늘어뜨렸는데, 얼굴로 흘러내린 검은 머리는 하얀 얼굴을 더욱 하얗게 강조했습니다.

"머리를 묶는 게 예에 어긋났다고? 으, 답답했겠다. 그런데 삼촌, 일본 사람들은 흰 얼굴을 참 좋아하는 것 같아. 가면도 아주 하얗더라고."
나는 얼마 전 텔레비전에서 본 일본 가면극을 떠올리며 말했어요. 주인공이 표정 없는 하얀 가면을 쓰고 있었지요.
"감춤에 아름다움이 있다고 생각해서 그래. 머리를 내려서 얼굴을 가리는 거나, 얼굴을 하얗게 하는 거나, 눈썹을 모두 지워 버리는 거나, 다 그런 생각이 반영된 거야. 화장은 자신을 드러내기도 하지만 숨기기도 하니까."
"눈썹을 지워 버린다고? 저 여자는 눈썹 있는데?"
"너는 저 눈썹이 이상하지 않아? 무슨 눈썹이 저렇게 눈에서 멀찍이 있어?"
발꿈치를 들고 들여다보니, 정말 눈썹이 눈보다 머리 쪽에 더 가까웠어요.
"헤이안 시대 여자들과 귀족 남자들은 성인이 되면 눈썹을 다 없애고 새로 그렸는데, 눈썹이 눈에서 멀수록 아름답게 여겼지. 눈썹의 위치는 시대에 따라 조금씩 달랐어."
"우아, 삼촌은 동양 쪽도 잘 아네!"
삼촌은 함박 미소를 머금고 "이 정도쯤이야!"라며 V 표시를 했어요.

얼굴은 희게 이는 검게

에도 시대(1603~1867년): 화려한 궁중 문화와 부패한 귀족들을 비판하며 등장한 무인 세력들이 이름뿐인 왕을 앞세우고 강력한 무인 정치를 펴 나갔다. 절대 권력자인 쇼군과 무사들이 검약과 절제를 내세우자 단순한 옷차림과 화장이 유행했다.

"솔기야, 어디 가? 이런 걸 읽고 그림을 봐야 배경지식이 생기는 거야."

삼촌은 내 옷소매를 잡아끌었어요.

"삼촌이 쭉 읽고 얘기해 줘. 나 눈 아파!"

"참 나, 나보다 어린 게 눈이 아프다니!"

삼촌은 꿀밤이라도 줄 것 같은 표정이었지요.

"알았다, 알았어! 이 삼촌이 다 설명해 주마! 음, 이 그림은 에도 시대 화장을 보여 주고 있어. 에도 시대는 사무라이들, 다시 말해 무사들의 우두머리인 쇼군이 다스린 시대야. 너, 사무라이가 누군지 알지?"

"당연하지! 경호원 같은 사람이잖아."

"경호원? 음, 원래는 그런 사람이었지. 그런데 돈을 받고 싸움을 대신 해 주는 사람으로 변했어. 사무라이의 수가 늘고 힘이 커지면서 왕도 제압할 수 없는 큰 무리가 됐고. 결국 왕은 사무라이들 중에 우두머리를 쇼군으로 임명해서 나라를 다스리게 했어. 자신은 교토에 있는 궁궐에서 종교 행사만 담당했단다."

"역시 삼촌이 얘기해 줘야 된다니까."

나는 삼촌을 쳐다보며 엄지를 치켜들었어요.

"그런데 화장에 관한 것은 나도 좀 들어야겠다."

삼촌은 이어폰 한 개를 허둥지둥 귀에 꽂고 나머지 한 개를 내게 건넸어요.

🎧 화장하는 행위가 일부 계층에서만 발달한 헤이안 시대와 달리 에도 시대에는 일반 대중들에게도 널리 확산되어 유행했습니다. 사회가 안정되고 태평한 세상이 되면서 일반 여자들도 자신을 꾸미는 데 관심을 둘 수 있었기 때문입니다. 에도

시대의 화장도 여전히 감추는 문화의 영향으로 얼굴은 물론 가슴, 발 그리고 머리를 올려 드러난 목덜미에까지 하얀 분을 두껍게 발라 자신을 꼭꼭 감추었습니다.

"어휴, 나는 한국에, 그것도 지금 태어난 게 참 다행이라고 생각해."
나는 얼굴부터 발까지 하얗게 분 화장을 한 내 모습을 상상하며 안도의 한숨을 내쉬었어요.
"왜? 네가 저렇게 화장하면 어떨까 상상해 봤니? 얼굴도 동글, 몸도 동글, 꼭 눈사람 같겠지, 뭐!"
"또, 놀린다. 삼촌처럼 조카 놀리는 어른이 도대체 어디 있어? 엄마한테 다 이를 거야."
나는 약이 올라 삼촌의 옆구리를 세게 꼬집었어요.
"아야야!"
그때 또각또각 구두 소리가 다급하게 들려왔어요.
"늦어서 죄송합니다."
도슨트 언니였어요.
"어, 잘 오셨어요. 선생님이 안 계시니 정말 힘들었어요."
웬일인지 삼촌이 언니를 반갑게 맞이했어요.
"네? 아니, 뭘……."
언니의 두 뺨이 발그레해지더니 입가에 웃음이 번졌어요.
"으흠, 지금 어떤 그림……."
언니 말이 끝나기도 전에 삼촌이 보고 있던 그림을 가리켰어요.
"으흠, 그림을 보면 아시겠지만 에도 시대 머리 모양이나 옷차림이 헤이안 시대와 많이 다르지요? 무사들처럼 올려 묶는 머리와 간소한 옷차림이 유행했기 때문이에요. 그런데 머리를 올리니 목덜미가 훤히 드러났지요. 드러나는 것은 아름다운 것이 아니기 때문에 사람들은 이곳도 하얗게 분 화장을 했습니다."

"삼촌한테 들었어요. 그런 게 다 자신을 감추는 문화 때문에 그런 거라면서요?"

내가 삼촌을 힐끗 쳐다보자 삼촌이 어깨를 으쓱해 보였어요.

"맞아요. 삼촌께서 설명을 잘 해 주셨네요. 감추는 문화는 이를 검게 물들이는 흑치 화장으로도 나타났어요. 결혼한 여자들은 철가루에 오분자 가루를 섞어서 이를 검게 물들였지요. 입가의 표정을 감춘 겁니다."

"철가루라고요? 아이, 생각만 해도 비려!"

나는 나도 모르게 혀를 쭉 내밀었어요. 언니는 이러는 내 모습에 아랑곳하지 않고 다시 말을 이었지요.

"입술에는 홍화 꽃잎으로 만든 연지를 발랐습니다. 입술은 자신의 입술보다 작게 그렸지요. 작은 입이 미인의 조건이었는데, 이는 자기주장이 약하다는 것도 의미했어요."

나는 이해가 가질 않아 삼촌의 옆구리를 찔렀어요.

"그게 무슨 말이야?"

"여자의 지위가 낮았다는 거지."

삼촌의 대답이 맞았는지 언니는 고개를 끄덕였어요. 그리고 출구를 향해 오른팔을 벌렸습니다.

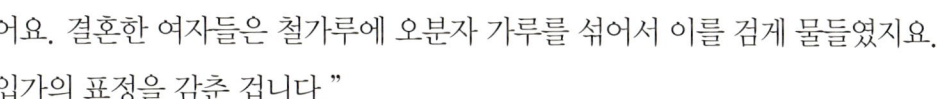

흑치: 이를 검게 물들이는 풍습은 헤이안 시대에 소녀가 여자가 된 것을 나타내는 표시였다. 이후 이 풍습은 여자가 결혼했음을 나타내는 표시로 천 년 가까이 계속됐다.

"삼촌, 우리 이제 집에 가?"
나는 전시를 다 봤다는 게 못내 아쉬웠어요.
이런 내 마음을 알아챈 듯 언니가 웃으며 말했어요.
"〈현대의 화장, 그 100년〉 전시가 옆에서 진행 중이에요. 자유롭게 구경하시면서 이것저것 체험도 해 보세요."
"체험이라고요? 화장품 바르는 거요?"
내 눈이 번쩍 떠졌어요. 삼촌이 내 어깨를 툭 쳤지요.
"너, 그런 거 안 좋아하잖아."
"헤헤, 그냥 궁금해서 여쭤 본 거야. 어쨌든 빨리 들어가자!"
나는 현대관이라 쓰여 있는 전시장 안으로 냉큼 들어갔어요.

현대의 화장, 그 100년

"아, 좋다! 무슨 냄새지?"

전시장에 들어서니 향기로운 냄새가 솔솔 풍겼어요.

"흠흠, 기분 좋은데!"

삼촌도 눈을 지그시 감고 코를 벌름거렸지요. 그때 언니의 낭랑한 목소리가 전시장 안에 울려 퍼졌어요.

"이쪽으로 오세요. 느낌이 어때요? 이 전시장 안에는 장미 향을 뿌렸어요. 마음을 안정시켜 편하게 해 주는 향이에요. 화장품 향료로도 많이 쓰여요."

삼촌은 만족스러운 표정으로 말했어요.

"그래서 그런가, 특히 여자 화장품을 바를 땐 꽃향기 같은 게 폴폴 나서 기분이 좋더라고요."

"그래서 삼촌이 여자 화장품을 바르는구나?"

나는 삼촌을 쳐다보며 씩 웃었어요. 언니의 입꼬리도 살짝 올라갔지요.

"하지만 화장품에 들어가는 건 대부분 천연 향이 아니에요. 천연 재료를 써서 대량 생산하는 건 어려우니까요."

언니는 설명을 이어 갔어요.

"현대관은 20세기 화장의 역사를 보여 주는 곳입니다. 20세기는 세계 경제가 발전하면서 사람들의 생활이 빠르게 변화한 시기이지요. 그에 맞춰 화장을 비롯해 옷과 머리 모양 같은 여러 유행이 빠른 속도로 바뀌었어요.

우선 화장이 더 이상 특정 계층만이 누리는 행위가 아니게 되었지요. 소규모로 만들어 쓰던 화장품이 미용 산업으로 발전하면서 대량으로 저렴하게 생산되었기 때문이에요.

여기에 영화, 텔레비전, 잡지 같은 대중 매체의 영향으로 시간이나 공간의 제약을 뛰어넘어 보다 많은 사람이 화장을 할 수 있게 되었고요. 누구나 간편하게 화장을 즐길 수 있게 된 거지요.

하지만 이는 자신의 개성이나 형편과 상관없이 유명인의 화려한 겉모습이나 획일적인 유행만을 좇는 결과를 낳기도 했어요."

"여기는 동양, 서양, 구분 없나?"
나는 전시관 안을 빙 둘러보고 혼잣말을 했어요.
"20세기부터 전 세계의 유행은 대체로 하나로 흘렀습니다. 유행은 산업 혁명을 통해 근대화를 먼저 이룬 서양에서 시작해 세계 여러 나라로 흐르는 식이었지요. 우리나라는 6·25 전쟁 이후 본격적으로 서양의 유행을 좇았어요. 이는 서양 사람들이 정해 놓은 아름다움의 기준에 동양 사람들이 맞추는 일이 되기도 했습니다."
언니는 무심코 던진 내 말을 귀담아들은 듯 친절히 알려 주었어요.

"그러니까 유행은 무턱대고 좇는 게 아니야.
서양 사람과 동양 사람은 생김새도 피부색도 다르니까."
삼촌이 고개를 설레설레 흔들며 말했어요.
"맞아, 맞아. 그러고 보면 삼촌은 정말 개성 있어. 모든 것이 삼촌다워."
"나답다고? 이건 칭찬이지?"
"으응……, 칭찬이야!"
언니는 삼촌과 나를 번갈아 보며 빙그레 웃고는 말했어요.
"이제부터 두 분이 둘러보세요."

🙂 와, 멋진데? 이렇게 전시해 놓으니 1920년대의 유행이 한눈에 보이네.
🙂 1920년이라고? 요즘 사람 같은데……. 이 노란 단추는 뭐지? 눌러 볼까?

🎧 1914년부터 4년 동안 유럽 열강들은 식민지 쟁탈을 위해 큰 전쟁을 일으켰습니다. 바로 제1차 세계 대전입니다. 이 전쟁으로 남자들이 많이 죽거나 부상당했고 이들을 대신해서 여자들이 직장 생활에 뛰어들었습니다. 이로 인해 1920년대부터 여자들의 겉모습이 일의 능률을 향상시키기 위한 실용적인 모습으로 변화하기 시작했습니다. 일반 대중들에게 화장은 점점 일상생활의 일부가 되어 갔습니다.

🙂 전쟁 이후 여자들은 남은 가족을 먹여 살리기 위해 돈을 벌어야 했어. 전쟁으로 남자 수가 여자의 반도 안 될 정도로 줄었거든. 그런데 긴 머리와 긴 옷이 일하는 데 방해가 됐지. 특히 긴 머리는 빗는 데 시간이 많이 걸리고 기계 속으로 말려들 위험이 있었어. 그래서 일하기 좋고 보기에 좋은 새로운 머리 모양이 유행했어. 바로 단발머리야.
🙂 정말 긴 머리는 성가신 것 같아. 잘 빗지 않으면 금세 엉켜 버려.

1920년대래.

1920s

🙍 일의 능률을 높이기 위한 새로운 화장법도 유행했단다. 적극적으로 보이도록 생김새를 또렷이 드러내는 화장법이야.

🙍 우리나라에서는 신여성들이 저렇게 했잖아? 단발머리에 신식 화장!

🙍 어, 어떻게 알았어?

🙍 삼촌하고 언니하고, 그렇게 말했잖아?

🙍 아, 그랬지? 솔기는 기억력도 좋아!

🙍 삼촌, 이때 오늘날 같은 립스틱이 일반화되었다고 적혀 있어. 용기 아랫부분을 돌려서 입술연지를 밀어 올리는 립스틱 말이야.

🙍 신기했겠네? 들고 다니기 딱이어서 인기 많았겠다.

🙍 응. 직장에서 쓱쓱 바르기 좋았을 것 같아.

🙂 여기는 여자들이 아주 여성스러워 보여. 남자는 영화배우 같고.

🙂 1930년대에는 세계 대공황의 영향으로 많은 여자들이 직장을 잃고 가정에 머무르게 되었어. 그러다 보니 옷차림과 화장이 수수해졌어.

🙂 남자들 머리는 왜 저렇게 반질반질해? 저 위에서 파리가 놀다가 쫙 미끄러지겠어.

🙂 머리에 머릿기름을 발라서 뒤로 확 넘긴 거야. 멋있지 않아? 이번엔 내가 노란 단추 누를게.

🎧 제1차 세계 대전에 미국이 참전하여 연합국이 승리를 거둔 이후 미국은 세계 무대의 중심으로 떠올랐습니다. 그러나 얼마 못 가 미국의 경제가 흔들렸고 그 영향으로 전 세계의 산업이 어려움을 겪게 됐지요. 사람들은 일자리를 잃고 거리를 떠돌며 이런 어려운 상황에서 벗어나길 간절히 바랐습니다. 이때 환상의 세계를 꿈꾸게 하는 영화가 인기를 얻기 시작했습니다. 그러면서 유행의 중심이 미국의 할리우드로 옮겨 갔습니다.

🙂 유행의 중심이 할리우드로 옮겨 갔다고? 그 전에는 어디였는데?

🙂 전쟁 전까지는 유럽이었어. 그런데 그게 미국으로 넘어간 거야. 미국은 유럽에서 일어난 전쟁으로 이득을 많이 본 나라야. 유럽에 전쟁 물자를 팔아서 돈을 많이 벌었거든. 그런데 전쟁이 끝나니 더 이상 전쟁 물자를 팔 곳이 없어져 버렸어. 결국 미국의 무기 공장이 문을 닫고 이어서 자동차 공장, 옷 공장, 또 다른 공장들도 문을 닫았지. 경제가 어려워졌고, 이런 미국 경제의 어려움은 세계로 퍼져 나갔어. 그 가운데 인기를 얻은 게 영화야. 사람들은 영화를 보는 동안 괴로운 현실을 잊을 수 있었어. 어떤 사람들은 보는 것만으로 끝내지 않고 영화 속 주인공들을 따라 해 보았단다. 그러면서 주인공들의 화장이나 옷차림이 유행하게 된 거야.

🙂 아하, 그래서 영화를 만드는 할리우드가 유행의 중심이 된 거로구나.

🙂 빙고!

세계 대공황: 1929년에 시작된 사상 최대의 불경기. 미국에서 시작하여 세계 전체로 번졌기에 세계 대공황이라고 부른다.

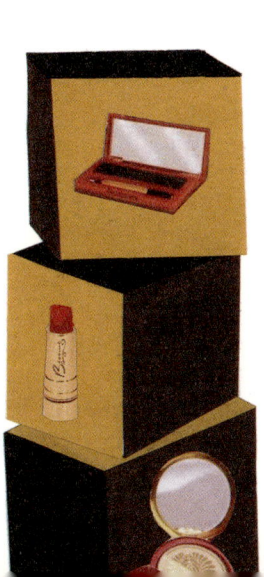

🙂 이 사람들은 꼭 군인 같아. 군인처럼 보이려는 유행도 있나?

🙂 군복 스타일이라서 그렇게 보이는 거야. 이때가 1940년대니까 제2차 세계 대전(1939~1945년)이 있었던 때거든. 짧고 폭이 좁은 치마에 남자 옷처럼 각이 진 일자 형태의 옷차림이 유행했지. 이거 눌러 볼까?

🎧 유럽 대륙에서 또다시 전쟁이 일어났습니다. 제1차 세계 대전이 끝난 지 겨우 20여 년. 1차보다 규모가 훨씬 큰 제2차 세계 대전이 일어난 것입니다. 거의 모든 나라가 전쟁에 뛰어들었고 세계의 땅과 바다, 하늘은 전쟁터로 변했습니다. 전쟁으로 의류 산업과 화장 산업은 침체했지요. 스타킹 원료가 되는 실크가 낙하산에 사용됐고 옷과 화장품을 만드는 공장은 전쟁 물자를 만드는 공장으로 바뀌었습니다. 하지만 그 가운데서도 유행은 있었습니다. 옷을 재활용해 새로 만든다든지 화장으로 자신의 이미지를 강하게 만드는 것입니다. 스타킹을 신은 것처럼 다리에도 화장을 했습니다.

🙂 다리에 화장을 어떻게 해?

🙂 저 마네킹 다리 볼래? 저 다리가 지금 화장한 거야.

여긴 1940년대야!

　　스타킹 신은 효과를 준 거지.
🙂 스타킹이 왜 저렇게 생겼지?
🙂 옛날에는 스타킹에 이음선이 있었어. 스타킹 만드는 기술이 부족했거든.
🙂 그렇다고 맨다리에 줄을 그어?
🙂 "난 실크 스타킹을 신은 여자랍니다!" 하는 거지. 실크는 아주 귀했는데 그 귀한 걸 자기는 전쟁 중에도 신는다는 거야. 다리 화장은 맨다리를 면도한 다음 갈색 화장품을 바르고 눈썹 그리는 연필로 저렇게 쫙 그으면 돼. 혼자서는 절대 못 하지.
🙂 정말 혼자 그리면 삐뚤빼뚤 됐을 거야.
🙂 오히려 안 한 것만 못하겠지?
🙂 그런데 저 여자들은 참 씩씩해 보여. 옷을 군인처럼 입어서 그런가?
🙂 그렇지. 참, 제2차 세계 대전 중에 위장용 화장품이 개발됐어.
🙂 위장용?
🙂 군인이 적진에 침투할 때 바르는 화장품 말이야. 위장용 화장품은 사막, 정글 등 침투 지역에 따라 색깔이 달랐어.
🙂 우아, 감쪽같았겠다.

🙂 인형 같아! 정말 예쁘다.

🙂 미국 영화배우 **메릴린 먼로**야. 구불거리는 금발머리가 큰 매력이지. 유행이 될 정도였어.

🙂 우리나라에서도?

🙂 그 당시 우리나라 사람들이 금발을 어떻게 따라 했겠어? 파마는 유행했지. 쇠 집게를 불에 달군 다음 머리카락을 돌돌 말아서 했어. 6·25 전쟁 전에는

메릴린 먼로(1926~1962년): 미국 여배우. 아름다운 금발과 푸른 눈, 독특한 매력으로 큰 인기를 얻었다.

전기로 했는데 전쟁 이후에 전기 공급이 충분하지 못해서 그랬대. 먼로의 화장도 유행했어. 먼로처럼 속눈썹을 붙이고 아이라인을 길게 그려서 눈매를 강조했지. 눈썹은 진하게, 입술은 새빨갛게.

- 예쁘긴 한데 화장이 좀 진하다.
- 배우 화장이라서 그래. 흑백 화면에 예쁘게 나오려면 화장이 진해질 수밖에 없지. 생김새가 또렷해 보여야 하니까.
- 그런데 삼촌은 어쩜 그렇게 아는 게 많아?
- 하하! 너도 책을 읽다 보면 아는 게 많아질 거야. 내가 노란 단추 누를게.

🎧 제2차 세계 대전이 끝나고 세계는 미국과 소련을 축으로 자본주의와 사회주의라는 적대적 관계로 나뉘었습니다. 한국에는 6·25 전쟁 이후 유엔군이 주둔하면서 서구 사회의 문물이 물밀듯 들어왔습니다. 미국 잡지가 쏟아져 들어오고 영화가 들어오면서 옷, 화장, 머리 모양이 급격히 서구화되기 시작했습니다.

- 제2차 세계 대전 이후 전쟁 피해가 적었던 미국이 더욱더 영향력을 발휘하기 시작했어. 전쟁의 무대가 되었던 유럽을 복구해 주겠다고 약속하면서 미국은 경제적, 정치적으로 영향력을 과시했지. 유행을 이끄는 데에도 마찬가지였어. 미국의 영화는 세계 많은 사람에게 영향을 주었고, 사람들의 옷, 화장, 머리 모양 등의 변화를 이끌었어. 1920년대처럼 영화가 사람들을 현실로부터 탈출을 꿈꾸게 한 거야.
- 영화배우 따라 하는 것으로?
- 우아, 삼촌이 한 말을 잘 기억하네. 자신을 꾸미면서 전쟁으로 궁핍해진 현실을 잊으려고 한 거지.

- 우아, 여긴 재밌는 게 참 많다. 이 가발 좀 봐! 이거 써 봐도 될까?
- 착용해 보라고 했네. 히피는 액세서리를 많이 달았으니까 조끼에 액세서리도 달아 봐. 머리에 띠도 두르고 꽃도 꽂아라. 구슬 달린 가방도 메 보고.
- 그런데 히피가 뭐야?
- 1960, 70년대 미국 청년층에서 생겨나 유럽까지 퍼진, 기성세대의 삶의 방식에 반대한 사람들을 말해. 당시 미국은 인종 차별에 항의하는 흑인 인권 운동과 베트남 전쟁을 일으킨 나라로 비난을 받으며 안팎으로 혼란했어. 기성 사회에 염증을 느낀 히피들은 전쟁과 돈이면 다 된다는 소비 만능주의에 반대했지. 그들은 평화를 외치며 꽃을 꽂고 다녔단다.
- 히피들은 꾸미기는 좋아하는데 화장은 좋아하지 않았나 봐.

여긴 1960년에서 70년대에 유행한 화장이야.

1960s

베트남 전쟁: 제2차 세계 대전이 끝나자 베트남은 남북으로 분단되었다. 국지전이 끊이지 않는 상황에서 미국과 북베트남 사이에 전쟁이 일어났다. 미국은 수많은 병사와 물량을 동원했으며 우리나라에서도 약 4만 명이 참전했다. 수백만 명의 죽음, 고엽제와 같은 화학 무기 사용과 민간인 무차별 살상 등으로 국제적 비난을 받다가, 미국이 베트남에서 철수하고 1975년 남북이 통일되면서 전쟁이 끝났다.

🙂 수염을 덥수룩하게 기른다든지 머리를 길러서 나풀거리게 놔두는 정도지. 하지만 히피풍의 화장을 유행시켰어. 눈 밑을 어둡게 칠하고 긴 속눈썹을 붙이는 거야. 여기에 눈썹 그리는 연필을 이용해 주근깨를 만드는 것도 있어. 가꾸지 않은 얼굴로 만드는 화장을 유행시켰지.

🙂 어휴, 화장을 일부러 그렇게 해?

🙂 자연스러운 걸 좋아해서 그래. 히피들은 디자이너가 만든 옷을 싫어했어. 그런 옷들은 개성이 없다고. 남자 옷, 여자 옷, 구분해서 입는 것도 싫어했어. 만들어서 입고, 만들어서 장식하길 좋아했지.

🙂 멋진데? 다른 사람들도 그렇게 생각했어?

🙂 좋지 않게 생각하는 사람이 많았어. 그래도 히피들의 옷이며 가방, 머리 모양 등은 지금까지 인기를 얻고 있단다.

- 이 사람들은 정말 무섭게 생겼다! 누구지?
- 펑크족이야. 펑크는 영국에서 시작해서 미국으로 이어졌는데 저들의 옷과 화장, 장신구는 패션에 큰 영향을 주었어.
- 저런 무서운 차림이 어떻게 영향을 줬을까?
- 텔레비전 보면 가끔 눈 주위를 검게 칠하고 징이 박힌 가죽점퍼에 굵은 체인을 주렁주렁 두른 연예인들 나오잖아? 그런 게 펑크에서 온 거야.
- 그런 것은 멋있기도 한데 펑크족은 무서워. 왜 저렇게 하고 다녔지?
- 불만을 표현한 거야. 1980년대 영국의 경제가 어려워지자 직업을 잃은 사람들이 많아졌거든. 그 가운데 일부 젊은이들이 사회에 저항한다는 표시로 저렇게 하고 다녔어.

🔴 그렇다고 자기 자신을 귀신처럼 만들어?

🔵 사회가 자기들한테 관심을 주지 않으니까 혐오스럽게 해서 튀어 보려는 거야. 피부를 하얗게 칠하고 눈 주위를 검게 칠하니 죽은 사람 같지? 공포 영화를 보고 따라 한 거야. 더 무서운 것 보여 줄까? 저기 코에 반짝거리는 거 보여? 저게 '피어싱'이라는 안전핀 같은 건데 저 피어싱을 코나 귀, 뺨 같은 곳에 꽂았단다.

🔴 어휴, 싫어! 듣는 것만으로도 내 얼굴이 쿡쿡 쑤신다!

🔵 아프겠지? 그런데 뭐니 뭐니 해도 펑크족 하면 머리 모양이야. 펑크족은 머리를 분홍, 녹색같이 튀는 색으로 물들인 다음, 닭 볏처럼 빳빳이 세우고 다녔어.

🔴 삼촌, 여기서도 꾸며 볼 수 있지? 이번에는 삼촌이 한번 해 봐! 난 무서워.

🔵 여기는 사진을 찍고 화면에서 꾸미는 거네. 재밌겠다. 눈두덩은 푸르스름하게, 눈 주위는 검게 해 보자. 입술을 검붉게 칠하고. 머리는 분홍색으로 해 보고.

🔴 재밌겠다. 나도 해 볼래.

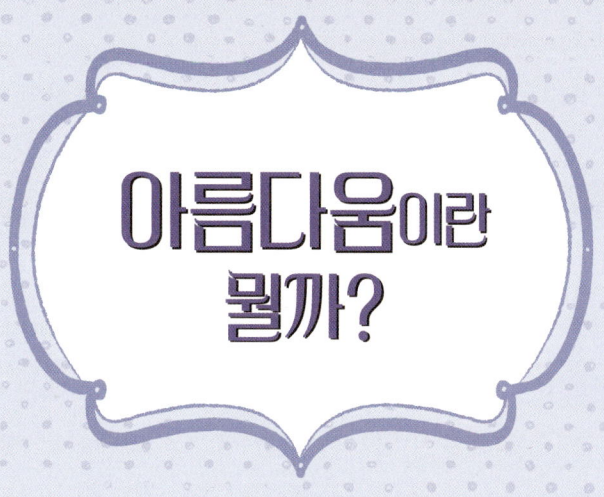

아름다움이란 뭘까?

"다 보셨어요? 전시 어땠어요?"

"재밌었어요!"

내 대답에 언니가 안경을 고쳐 쓰며 다시 물었어요.

"그리고 또요?"

"음……, 옛날이나 지금이나 사람들은 꾸미는 데 참 관심이 많구나 하는 걸 느꼈어요."

"꾸밈에 대한 생각이 뭐 달라진 건 없나요? 새로운 지식을 많이 접했는데."

"예……?"

도슨트 언니의 질문에 나는 삼촌의 옷소매를 슬그머니 잡아당겼어요.

"나보고 말하라고? …… 으흠, 사실 화장은 자신을 드러내는 수단 정도로 생각했는데……. 동서양 화장의 역사를 보고 나서는 꾸민다는 행위가 개인적인 일을 넘어서서 역사성과 사회성을 다 갖고 있다는 생각을 하게 됐어요. 아름다움에 대한 기준도 시대와 나라에 따라 다 다르고, 때로는 미에 대한 규범을 억지로 정해 강요하기도 한 걸 보면요. 어찌 보면 꾸밈의 역사는 여성들의 잔혹사라고 할 수도 있을 것 같아요. 전족이나 코르셋, 또 죽을 수도 있는 납 화장에…… 남성들도 마찬가지고요. 신체를 망가뜨리면서까지 아름다워지겠다고 생각하는 건 정말 위험한 일이에요."

삼촌의 진지한 설명이 이어지자 나는 눈이 동그래졌어요. 삼촌의 이런 모습은 정말 드물게 보거든요.

괜히 내 어깨가 으쓱해졌지요.

도슨트 언니도 삼촌에 맞춰 진지한 얼굴로 말했어요.

"사실 이 전시의 기획 의도가 꾸미는 행위를 역사적, 사회적인 관점에서 살펴보며 진정한 아름다움이 뭘까에 대해서 한 번쯤 생각해 보게 하는 거예요. 과연 아름답다는 게 뭘까요?"

"아름다움이오? 음……, 예쁜 것, 보기 좋은 것?"

나도 뭐라도 말해야 할 것 같아 우물쭈물 답하자 언니가 고개를 끄덕였어요.

"그래요. 흔히 우리는 눈에 보이는 외모, 예쁜 얼굴이나 몸매를 보고 아름답다는 말을 많이 해요.

하지만 아름다움은 눈에 보이는 것이 다가 아녜요. 외모에 한정된 것만은 아니라는 말이에요. 잘 생각해 보세요. 순수하고 선한 마음을 대할 때도, 꾸밈없는 자연을 접할 때도, 섬세하게 만든 물건을 볼 때도 아름다움을 느끼며 감탄하잖아요. 반대로 겉모습은 눈길이 가게 화려해도 솔직하지 않고 매사에 부정적이면 아름답기는커녕 밉게 보이지요. 요즘처럼 키 얼마, 몸무게 얼마 하는 식으로 획일적인 기준을 정할 수 있는 건 더더욱 아니지요."

가만히 듣던 삼촌이 말을 이었어요.

"음……, 갑자기 '~답다'라는 말이 떠오르네요. 꽃이 피지 않고 향을 내지 않고 열매를 맺지 않으면 꽃답지 않잖아요. 그런 꽃은 아름답지도 않고요. 사람 역시 사람다워야 아름답겠지요? 사람답다는 건, 음, 마음이 따뜻해야 하고…… 음, 다른 사람의 아픔을 느낄 수 있어야 하고…… 아, 어렵다.

아무튼 지나치게 남의 눈을 의식하지 말고 자신 있고 당당하게 자신의 개성을 키워 가는 게 아름다워지는 한 방법인 것 같아요. 그러기 위해서는 여러 노력을 해야겠지요."

나는 삼촌의 '개성'이라는 말에 갑자기 우리 반 친구들이 생각났어요.

"참, 삼촌, 우리 반에 화장하는 애들 있는데, 선생님은 학생이 무슨 화장이냐고 하셔. 학생이 화장하는 건 개성을 표현하는 거 아니야?"

"글쎄, 음……."

삼촌이 얼른 대답하지 못하자 언니가 말을 이었어요.

"학생들이 화장하는 건 호기심이 커서이기도 해요. 학생들이 좋아하는 인기 연예인들 중에는 외모가 멋진 이들이 많잖아요. 연예인들처럼 예뻐지고 싶은 마음에 그들의 화려한 겉모습을 따라 하는 거지요. 또 놀이 삼아 끼리끼리 모여 화장하는 친구들과 섞이고 싶어 그러기도 하고요. 학생 용돈으로도 살 수 있는 값싼 화장품까지 쏟아져 나오니 화장할 기회가 많아졌지요.

그러나 어린 나이에 화장하는 건 조심해야 해요. 어린이 피부는 어른과 달리 약하고 자극에 훨씬 민감하거든요. 피부 문제가 일어날 수 있지요."

"맞아요. 비비크림 바르는 친구가 있는데 정말 피부가 더 안 좋아졌어요. 여드름 같은 게 막 생겼어요. 그 친구는 그걸 가린다고 화장품을 또 발라요."

언니는 안타깝다는 표정을 지으며 말했어요.

"저런, 여드름은 얼굴을 깨끗이 씻는 게 중요한데……. 어린 나이에 비비크림 같은 색조 화장은 피부 건강에 안 좋은 영향을 끼쳐 외모에 더 집착하게 만들기도 해요."

"정말 그런 것 같아요. 그 친구는 피부, 여드름, 이런 말만 나오면 아주 예민해져요. 어휴, 걔는 얼굴에 너무 집착하……."

나는 나도 모르게 말끝을 흐려 버렸어요. 괜히 친구 흉을 보는 것 같아 양심이 콕콕 찔렸지요.

여드름은 화장으로 일단 감추고 보자.

"외모에 대해서 관심이 가장 높을 때이고 다른 친구와 비교하며 열등의식도 많은 시기이기 때문에 그래요. 하지만 꾸미지 않고도 충분히 예쁜 나이인 데다, 아직 주관도 확실히 서기 전인 어린 나이에 무분별하게 화장을 받아들이게 되는 모습이 참 안타깝네요.

사실 어린 학생들까지 외모에 집착하는 이런 현상은 우리 사회가 안고 있는 심각한 문제예요. 그 어느 때보다 요즘은 예쁘고 날씬한 것이 아름다움의 잣대로 강조되고 있잖아요. 외모로 인한 차별도 엄연히 존재하고요. 거대한 미용 산업이 외모에 대한 불만과 불안감을 부추기면서 끊임없이 사람들을 외모에 투자하게 만들지요.

이런 외모 지상주의는 우리 생활에 생각보다 깊이 뿌리박혀 있어요. 흔히 인사를 나눌 때도 '예뻐졌다', '날씬해졌다'는 말을 아무렇지 않게 사용하거든요."

"맞아요. 엄마 친구들도 만나기만 하면 '예뻐졌다', '젊어졌다' 하세요."

"그런 말이 칭찬처럼 들리기 때문이에요. 그런 말을 들으려고 사람들은 겉모습에 더 집중하지요."

"그러면 그 친구도 예뻐졌단 소릴 들을 때까지 계속 화장할까요?"

나는 언니의 말을 듣고 친구가 걱정됐어요.

"외모가 아닌 다른 것으로 화제를 돌려 칭찬해 보세요. 언젠가는 친구도 아름다움이 외모에만 있는 게 아니란 걸 깨달을 겁니다."

나는 꼭 그래야겠다는 생각에 고개를 끄덕였어요.

그때 삼촌이 호기심 가득한 목소리로 말했어요.

"이건 또 뭐야?"

하얀 벽에 검은색 글씨가 빽빽이 적혀 있었어요.

화장품, 많이 바를수록 피부가 늙는다고?

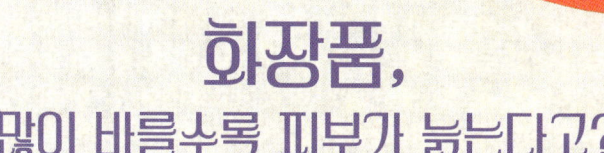

〈기초 화장품의 9대 원료〉

1. **물**: 화장품의 70% 이상을 차지하며 보통 정제수로 표기된다.
2. **유성 원료**: 피부의 수분 증발을 막고 사용 감촉을 좋게 한다.
3. **계면 활성제**: 물과 기름이 잘 섞이게 하는 역할을 한다.
4. **보습제**: 거칠어진 피부 표면을 부드럽고 매끈하게 해 주는 역할을 한다.
5. **폴리머**: 점도를 유지하거나 제품의 안정성을 유지해 준다.
6. **색소**: 기초나 색조 화장품에 배합해서 채색하는 역할을 한다.
7. **방부제**: 화장품 개봉 후 미생물이나 오염에 의한 변질을 막는다.
8. **향료**: 원료 특유의 향을 감추거나 일부러 좋은 향을 내기 위해 첨가한다.
9. **효능 원료**: 화장품에 기능을 주기 위한 원료로 극소량이 들어간다.

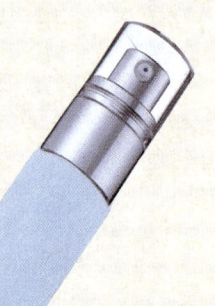

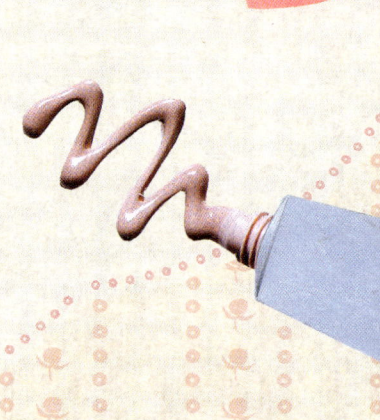

 게시판

초등학생 화장, 여러분 생각은요?

용돈으로 살 수 있는 값싼 화장품에, 따라 하기 쉬운 화장법에,
화장에 대한 관심이 초등학생들에게까지 번져 가고 있어요.
초등학생 화장, 여러분은 어떻게 생각하나요? 자유롭게 의견 남겨 주세요.

학교에, 학원에, 늘 공부, 공부ㅜㅜ
스트레스 해소엔 화장 놀이가 최고!
- 나라초 이하얀
  ㄴ 그렇게 놀다가 피부 폭삭 늙는다.
    - 한국중 2학년

화장을 왜 해야 해요? 내 눈 여기 있다, 내 입 여기 있다
강조해야 하나요? 화장한 얼굴은 누가 보고 예쁘다고
하지요? 나는 내 얼굴을 보며 살지 않는데. - 미성초 000
  ㄴ 맞아요. 화장은 외모에 더 집착하게 만들어요.
    제 경험으로 보면 확실히 그래요.
      ㄴ 예쁘게 꾸미면 자신감이 생겨요.
        관리만 잘하면 될 것 같아요.
          ㄴ 어떻게 관리하지?
            - 궁금한 게 많은 중학생 오빠

학생들이 화장품에 돈을 너무 많이 써요.
부추기는 화장품 회사와 광고가 문제예요.
- 은혜초 4학년 담임
  ㄴ 선생님, 펜이나 필통 같은 학용품도
    예쁜 것 나오면 사고 또 사요.
    화장품만 문제 삼는 건 좀……
      - 은혜초 000

사실 제 주변엔 화장하는
친구들 별로 없어요.
튀고 싶은 아이들 몇 명?
묵묵히 자기 할 일 다 하는
아이들이 훨씬 많다는 걸
알아주세요.

아무래도 예쁜 사람들이
주목받잖아요.
연예인들을 보면
따라 하고 싶어요.
- 미소초 정수아

호기심에 화장을 시작해서 지금은
거의 매일 해요.
이제는 맨 얼굴이 나 같지 않아요.
초등학생 여러분, 화장하지 마세요.
하고 싶으면 되도록 늦게 하세요.
- 미성고 2학년

제 꿈은 메이크업 아티스트예요.
쉬는 시간마다 친구들 화장해 주고
머리 만져 주는데, 저도 즐겁고 친구들도 좋아해요.
덕분에 인기도 많고요.
┕ 읽고 보니 자랑
　┕ 꿈은 갖고 노력하는 건 좋지만, 지금보다는 좀 더
　　커서 책임질 수 있는 나이에 학생 꿈을 펼치는 게
　　좋지 않을까요? -초등학교 교사
　　　┕ 우리 반 친구들 화장품 돌려쓰다
　　　　단체로 눈 다래끼 걸림.

아이라인 대신 컴퓨터 펜으로
눈썹 그리는 친구가 있어요.
그러면 피부에 문제 생기는 것 맞죠?
┕ 그런 친구 우리 반에도 있지.

화장 안 하면 외출 못 함.
┕ 화장의 노예가 된 듯.
　┕ 이제 노예 생활
　　벗어나세요.

중학생 우리 누나도 초등학교 때부터
화장했어요. 인터넷 보고 화장 따라 하고,
친구들과 화장하며 놀다가 학원도 빠지고,
그래서 엄마한테 무지 야단맞아요.
둘 사이에서 눈치 볼 땐 정말 기분이 별로!
┕ 쯧쯧, 동생이 고생하는군.

초등학생이 무슨 화장!
반대, 반대, 절대 반대!
┕ 초등학생은 왜 안 되는데?
　찬성, 찬성, 절대 찬성!

화장하는 친구들이
또래처럼 느껴지지 않아요.
누나 같다고나 할까?

초등학생 화장,
내 생각은……

"솔기야, 뭐라고 썼어? 뭔가 열심히 적던데."

"'화장을 일찍 시작하면 피부 망가진다.' 헤헤, 삼촌은 뭐라고 썼어?"

"나? '아름다움에는 기준이 없습니다. 다른 사람이 정해 놓은 기준에 맞춰 불편하게 살지 마세요.'"

"뭐야, 초등학생 화장을 어떻게 생각하냐는 건데?"

"그래서 그 옆에 자신의 모습을 그대로 바라보고 사랑하라는 뜻으로 거울을 예쁘게 그려 놨지."

순간 나는 '거울아, 거울아' 하며 자신이 얼마나 아름다운지를 거울에게 묻던 마녀가 떠올랐어요.

"삼촌이 그렇게 말하니 〈백설 공주〉에 나오는 마녀가 떠오른다. 매일같이 마녀는 거울에게 누가 이 세상에서 제일 예쁘냐고 묻잖아. 그건 백설 공주를 기준으로 삼고 거울의 판단 속에 사는 거겠지?"

언니는 내 비유가 그럴듯했는지 목소리를 높였어요.

"오, 그러네요! 그런데 거울이 백설 공주와 비교하지 않고 매번 '당신이 제일 예뻐요!'라고 했다면 마녀는 어땠을까요?"

"음……, 행복했겠지요?"

언니는 마지못해 고개를 끄덕이는 모습이었어요.

"뭐, 그럴 수도 있겠지요. 그러나 그만큼 마녀는 고통과 불편함을 느꼈을 거예요. 다른 사람에게 듣는 겉모습에 대한 칭찬은 나를 어리석게 만들고, 심지어 나의 자유를 구속할 수 있다는 말도 있잖아요. 무슨 말인지 한번 찬찬히 생각해 보세요. 으흠, 아름다움을 잃지 않으려는 행동이 자칫 우리를 겉모습의 아름다움에 매여 살게 할 수 있답니다."

"아휴, 뭔가에 매인다는 건 정말 피곤한 일인데. 그것이 아무리 아름다움이더라도. 잠깐 집 앞에 나가려 해도 머리 모양이나 옷 등 얼마나 신경이 쓰이겠어요? 그렇게까지 해서 아름다운 모습을 유지하고 싶지는 않을 것 같아요. 그냥 다른 사람 신경 안 쓰고 생긴 대로 편히 사는 게 최고야."

나는 눈을 지그시 감고 고개를 설레설레 흔들었어요.

이런 내 모습이 우스웠는지 언니가 빙그레 웃었어요.

"아름다워지고 싶고 아름답게 꾸며서 매력 있게 보이고 싶어 하는 행동은 자연스러운 거지요. 다만 진정한 아름다움은 무엇이며, 나는 왜 꾸미려 하고, 어떤 모습이기를 원하는지 고민도 없이 남에게 뒤처지기 싫어서 남보다 더 나아 보이려고 경쟁적으로 꾸민다면 만족도 없고, 당연히 행복하지도 않겠지요. 그렇게 꾸며진 미인들이 넘쳐 나는 오늘날이 옛날보다 더 아름답다고 할 수는 없잖아요."

"정말 꾸민 사람들 보면 비슷비슷해요. 개성 없어요."

이때 삼촌이 내 등을 톡톡 치며 나가자는 눈빛을 보내왔어요. 그러자 언니가 또각또각 구두 소리를 내며 자리를 옮겼어요.

집으로

"오랫동안 전시 보시느라 고생하셨습니다."
"아, 아니요. 덕분에 많이 배웠습니다."
"아무쪼록 이 전시가 자기 자신을 제대로 바라보는 계기가 되기를 바랍니다."
"좀 더 제 자신을 들여다봐야겠어요. 제게 어울리는 모습을 찾기 위해 노력해야지요. 화장도 좀 줄이고……"
삼촌은 어색한 웃음을 지으며 말했어요.
"저는 발랄한 제 개성을 살려 색다른 머리 모양에 도전해 볼 거예요."

"오우, 변신하겠다는 거야?"
"헤헤, 기대해 봐!"
나는 삼촌에게 손가락으로 V 자를 만들며 말했어요. 그 순간, 지금까지 까맣게 잊고 있던 숙제가 떠올랐어요.
"아차, 숙제, 숙제가 있었지!"
나는 서둘러 삼촌의 팔짱을 끼었어요.
"그래, 솔기야. 오늘 본 것 잊어버리기 전에 빨리 집에 가자!"
우리는 언니와 아쉬운 작별을 하고 전시장 밖으로 나왔어요.

거리에는 갖가지 방법으로 자신을 꾸민 사람들이 오갔습니다.

"동글동글한 얼굴에 쌍꺼풀 없는 눈,
앵두 같은 입에 토끼 같은 앞니…….
내 모습이 난 좋아!
마음에 들어!
히히!"

탐방 후 느낀 점

사람은 누구나 아름다운 걸 좋아하고 아름다워지고 싶어 한다.

그건 밥을 먹고 잠을 자는 것처럼 자연스러운 일이라고 한다.

그러나 먹고 자는 것도 적당해야 좋지, 지나치면 살만 찌고

건강에 해로울 거란 생각이 든다.

아름다워지고 싶은 마음도 마찬가지 아닐까?

자신을 꾸미는 데 너무 매달리면 몸도 마음도 병들지 모른다.

옛날 사람들은 납이 몸에 나쁘다는 걸 알면서 피부를 하얗게

하려고 납이 든 분을 발랐다.

그럴 때 납 분을 끊지 못하는 자신이 싫었을 것이다.

화도 났을 것이다.(나도 배가 터질 것같이 부른데 맛있다고

계속 먹을 때 내가 싫다.)

요즘도 마찬가지이다. 많은 사람이 예뻐지려고 성형 수술을

받는다. 쌍꺼풀을 만들고 코를 높이고 얼굴 뼈도 깎는다.

나는 이런 행동이 옛날이나 지금이나 아름다운 사람은

이러이러해야 한다는 틀 때문이라고 생각한다.

왜 그런 틀을 만들고 그 안에서 살려고 할까?

그러면 밧줄에 꽁꽁 묶여 사는 느낌이 들지 않을까?

자신의 개성을 살려 자기답게 꾸미는 모습이 좋다.

겉모습뿐 아니라 속 모습도 잘 다듬어서 안과 밖이 조화를

이룬다면 더 좋겠다.

물론, 개성을 살린다고 내 멋대로 하고 다니면 이상할 것이다.

혼자 사는 세상이 아니니까 말이다.

사람은 왜 꾸미는 걸까?

 몇 해 전 지하철에서 일이었습니다. 아가씨 서너 명이 옹기종기 모여 서서 뭔가를 진지하게 하고 있었지요. 뭘까 해서 보니 분을 바르고, 입술을 칠하고, 속눈썹을 올리고…… 화장을 하는 거였어요. 순간, 이런 생각이 들었습니다.
 '사람들은 왜 꾸미는 걸까?'
 저는 호기심을 갖고 지하철 안을 빙 둘러봤어요.
 무심히 봤을 때는 몰랐는데 사람들은 저마다 자신을 꾸미고 살아간다는 걸 느꼈지요. 한 아저씨는 검은 가죽 잠바에 검은 선글라스를 꼈고 한 아줌마는 곱게 다듬은 손톱에 알록달록 색을 칠해 놓았어요. 한 청년은 노랗게 물들인 머리를 멋지게 묶고 한 아가씨는 알 없는 안경을 폼 나게 쓰고 있었지요. 그러다가 교복을 입고 무리 지어 앉아 있는 여학생들에서 제 시선이 멈췄습니다. 학생들은 한결같이 뽀얀 피부에 입술은 앵두같이 붉고 눈매는 또렷하게 화장을 한 얼굴이었어요. 이를 보고 '학생이 무슨 화장이야?' 하며 눈을 흘긴 사람들도 있었을지 몰라요.

 그런데 요즘은 초등학생들도 외모에 관심이 많아서 일찍이 화장을 한다지요. 끼리끼리 모여 놀이 삼아 화장을 한다고도 해요. 어떤 친구들은 케이

스가 예쁜 화장품을 사거나 아이돌같이 예쁜 연예인들의 화장을 따라 하다 보면 스트레스가 확 풀려서 화장을 한다고 합니다. 그러나 아직까지 색조 화장품은 어른들 피부를 기준으로 안정성 테스트가 이루어졌기에 어린이 피부와 건강에 좋지 않은 영향을 끼칠 수 있지요. 또 자아가 제대로 성립되지 않은 어린 나이에 겉모습을 꾸미는 데에 시간과 노력을 지나치게 쏟다 보면 학생 때 해야 할 중요한 일들을 소홀히 할 수가 있어요. 그래서 이른 나이에 화장을 하는 것에 대해 잘 생각해 봐야 하지요.

이 책은 '사람은 왜 꾸미는 걸까?'라는 호기심과 초등학생들에까지 널리 퍼진 화장 유행과 외모 지상주의를 염려하는 마음에서 시작했어요. 저는 이 책을 통해 여러분이 옛사람들과 다른 문화권에 있는 사람들은 아름다움에 대한 욕망을 어떻게 표현해 왔는지 느끼고, 진정한 아름다움은 무엇이며, 자신을 아름답게 꾸미는 방법은 무엇인지 곰곰이 생각해 볼 수 있기를 바랍니다.

정해영

참고 도서

고바야시 다다시, 《우키요에의 美》, 이다미디어, 2004

구희연·이은주, 《대한민국 화장품의 비밀》, 거름, 2009

김주현, 《외모 꾸미기 미학과 페미니즘》, 책세상, 2009

김춘득, 《동서양 미용문화사》, 현문사, 2002

김희숙, 《한국과 서양의 화장문화사》, 청구문화사, 2000

다니엘라 마이어·클라우스 마이어, 《털》, 작가정신, 2004

다이보 이쿠오, 《의복과 화장의 사회심리학》, 동서교류, 2005

도미니크 파케, 《화장술의 역사: 거울아, 거울아》, 시공사, 1998

리 아오, 《서태후의 인간 경영학》, 지식여행, 2008

모기 겐이치로·온조 아야코, 《화장하는 뇌》, 김영사, 2010

무라사와 히로토, 《미인의 탄생》, 너머북스, 2010

박영수, 《상상 속의 얼굴 얼굴 속의 문화》, 을유문화사, 1997

배수정, 《엘리자베스 1세 여왕의 옷장》, 북마루지, 2011

스티브 길버트, 《문신, 금지된 패션의 역사》, 르네상스, 2004

안혜정, 《내가 만난 일본 미술 이야기》, 아트북스, 2003

연구공간 수유+너머 근대매체연구팀, 《신여성》, 한겨레출판, 2005

울리히 렌츠, 《아름다움의 과학》, 프로네시스, 2008

이배용 외, 《우리나라 여성들은 어떻게 살았을까2》, 청년사, 1999

정현진 외, 《미용문화사》, 광문각, 2004

코리아나 화장박물관, 《한국인의 화장도구》, 2010

한국생활사박물관 편찬위원회, 《한국생활사박물관 11》, 사계절, 2004

화메이, 《중국 문화 5: 복식》, 대가, 2008

히루야마 유키오, 《화장의 역사》, 사람과책, 2004

참고 논문

박경미, 〈한·중 인물화에 나타난 화장 문화 연구〉, 경성대학교 박사학위 논문, 2010

이경선, 〈연지 화장의 역사적 고찰을 통한 한국과 중국 여성의 화장 문화 비교 연구〉, 성균관대학교 석사학위 논문, 2003

바탕이 된 그림

32쪽 〈향연〉, 이집트 네바문의 무덤 벽화, 기원전 14세기, 영국 박물관

36쪽 〈디오니소스와 아리아드네〉, 기원전 5세기, 이탈리아 나폴리 국립 고고학 박물관

44쪽 〈바빌론의 창부〉, 니콜라 바타유, 14세기, 프랑스

48쪽 〈성모 마리아와 아기 예수〉, 장 푸케, 15세기, 벨기에 안트베르펜 왕립 미술관

54쪽 〈루이 14세의 초상〉, 이아생트 리고, 17세기경, 프랑스 루브르 박물관

58쪽 〈마리 앙투아네트 왕비〉, 엘리자베스 루이즈 비제 르 브룅, 1783년, 프랑스 베르사유와 트리아농 궁

62쪽 〈황후 조제핀〉, 피에르 폴 프뤼동, 1805년, 프랑스 루브르 박물관

74쪽 〈차마인물도〉, 쌍영총 벽화, 고구려, 평안남도 용강군 소재

78쪽 〈당염립본왕회도〉, 6세기경, 대만 고궁 박물원

82쪽 〈수월관음도〉, 14세기, 일본 대덕사

86쪽 〈미인도〉, 신윤복, 18세기, 간송미술관

100쪽 〈비자욕아도〉, 송나라

110쪽 〈무라사키 시키부〉, 도사 미쓰오키, 에도 시대

114쪽 〈부인상학십체〉, 키타가와 우타마로, 에도 시대

사진 및 그림 출처

21쪽 〈투쿠키노 Tukukino〉, 고트프리트 린다우어, 1878 | wikimedia commons

24쪽 〈모나리자〉, 레오나르도 다빈치, 1503~1506년, 프랑스 루브르 박물관 | wikimedia commons

25쪽 〈모나리자〉 그림에 작가가 덧칠한 그림.

49쪽 〈블라디미르의 성모〉, 12세기, 모스크바 트레티야코프 미술관 | wikimedia commons

57쪽 베르사유 궁전 ⓒ Pablo Hidalgo | dreamstime.com

91쪽 박가분, 국립미술박물관 소장 | 공공누리

93쪽 박가분 광고, 동아일보, 1920년대

102쪽 전족 신발 | wikimedia commons